KB049973

공공성

Vita Activa 개념사 30

공공성

하승우 지음

책세상

차례

2장 | 한국에서의 공공성

3장 | 공공성에 대한 비판적 접근

4장 | 공공성의 재구성

왜 지금 공공성인가

공공성이란 무엇인가

공공성公共性이란 무엇인가? 사전적 정의는 "한 개인이나 단체가 아닌 일반 사회 구성원 전체에 두루 관련되는 성질"이다. 이 정의에 따르면, 공공성은 어떤 실체가 아니라 사생활이나 사적인 것 the private과 구분되는 공동체의common, 공동의public, 널리 공개된 open 성질을 가리킨다. 구성원 각자의 생각과 이해관계가 다르기 때문에 공공성에서는 그 내용만이 아니라 성질을 밝히는 과정이 중요하다.

공공성이 논의되는 예를 보자. 학교에는 공립학교와 사립학교가 있다. 공립학교의 운영 비용은 정부가 모두 부담하지만 사립학교는 부분적으로 정부의 지원을 받는다. 민간이 설립하는 학교임에도 사립학교의 설립과 운영은 법의 규제를 받는다. 사립학교법 제1조는 "사립학교의 특수성에 비추어 그 자주성을 확보하고

2013년 철도 민영화 논란과 파업
전국철도노동조합은 코레일이 수서발 KTX 법인을 만드는 것에 반대해 2013년 12월 민영화 반대 파업을 진행했다. 철도노조는 법인 설립이 철도 민영화로 가는 단계라고 봤다. 22일 동안 계속된 파업은 철도노조가 새누리당, 민주당과 함께 국회 국토교통위원회 산하에 철도산업발전소위를 설치하기로 하면서 끝이 났다.

공공성을 앙양함으로써 사립학교의 건전한 발달을 도모함을 목적으로 한다"고 규정한다.

이렇듯 민간이 세운 학교의 운영을 법이 규제하는 이유는 무엇일까? 사립학교법이 만들어진 것은 교육이 개인의 자아를 확립하고 능력을 개발하는 일만이 아니라 사회 구성원으로서 습득해야 할 관습과 문화, 지식 등을 가르치는 일을 맡기 때문이다. 즉 사회 구성원들과 두루 연관된 교육을 담당한다는 점에서 사립학교도 공공기관이다. 만일 '너는 가난하니까 교육받을 권리나 자격이 없다'라거나 '너는 장애가 있으니 학교를 다닐 수 없다'라는 식으로 특정 개인을 배제하는 기준을 가진 학교가 있다면 사립학교더라도 공공성의 관점에서 비판받을 수밖에 없다. 한국의 교육은 학생들을 극단적인 경쟁으로 내몰며 공동체 의식을 파괴하고 있지만 본래 교육의 기본은 공동체 구성원으로서 공공성을 인지하고 자율적인 참여 역량을 강화하는 것이다. 이런 목적이 있기 때문에 공립학교, 사립학교 모두 공공성을 의식해야 한다.

2013년 12월 철도 민영화에 반대하는 집회

2013년 논란을 불러일으킨 철도 민영화도 마찬가지다. 철도는 많은 사람들이 다른 지역으로 이동하기 위해 이용하는 교통수단이다. 모두가 자가용이나 버스를 이용할 수는 없는 일인 만큼 일반 시장과 달리 이윤이 나지 않는다고 바로 철도 노선을 폐지할 수는 없다. 민간 기업에 맡길 경우 이용 요금이 비싸지거나 꼭 필요한데도 이용객이 적어 없어지는 노선이 생길 수 있으므로 정부는 공기업을 만들어 철도를 운영한다. 비슷한 이유로 지방 정부는 자기 지역 버스 회사에 보조금을 지급한다. 교통은 시민들의 일상생활과 연관된 사안이고 시장에만 맡길 때 사회적 약자에게 불이익을 줄 수 있어 공공성이 강조된다. 철도 민영화 논란은 이런 배경을 고려해야만 설명될 수 있다. 단지 수입 감소나 적자 문제가 아니라 철도가 공공시설로서 갖는 의미가 이 논쟁의 핵심이다. 공공성이 경제성을 완전히 배제할 수는 없지만 그 역시도 사업성이 아니라 지속성을 위해 고려되는 것이어야 한다.

'저작권copyright'이라는 이름으로 점점 더 사유화되고 있는 '지식'을 놓고 보면, 역설적이게도 공공성의 의미가 더 분명하게 드러난다. 다중지성이라는 말이 등장했듯 지식의 내용만이 아니라 지식을 구성하는 과정 자체가 갈수록 중요해지는 시대를 우리는 살고 있다. 연구의 성과나 결과는 사회적으로 공유되면서 발전한다. 러시아의 사상가 표트르 크로포트킨Pyotr A. Kropotkin은 지식과 과학의 성과, 노동의 생산물이 결코 개인의 소유일 수 없고 인류의 공동 재산이어야 한다고 주장했다. 온고지신溫故知新이라는 말처럼 우리는 옛것에 기초해 새로운 것을 창조한다. 지상에서 완

크로포트킨

어떤 재화나 서비스가 얼마나 많은 시민들과 연관되고 그들의 삶에 어느 정도로 영향을 미치는가에 따라 공공성의 여부가 '판단'된다.

전히 새로운 것을 창조하는 것은 인간의 힘으론 불가능하다. 아무리 뛰어난 천재라 하더라도 혼자만의 힘으로 높은 건물을 세우거나 새로운 상품을 개발할 수 없고, 반드시 여러 사람의 협동노동이 필요하다. 따라서 어느 사소한 물건 하나, 지식, 기술이 온전히 한 개인의 소유물이 될 수 없는데, 그 지식이나 기술이 구성되고 개발되는 과정 자체가 공공적이기 때문이다. 그럼에도 저작권은 그 소유를 주장하기 어려운 종자나 유전자로까지 확대되고 있다. 이런 사유화는 미래 세대의 삶에 큰 영향을 미치는 중요한 문제임에도 거의 논의되지 않고 있다. 이러한 상황에서 저작권에 대항해 정보의 공유와 자유로운 사용을 주장하는 카피레프트 copyleft는 공공성을 지키려는 몸부림이다.

그런데 시민들이 사용하는 모든 것들이 공공성의 관점에서 평가받는 것은 아니다. 우리는 먹고 생활하는 데 필요한 재화와 서비스 중 상당 부분을 시장에서 '구매'한다. 생활의 모든 영역에서 공공성이 요구되는 것이 아니라 공공성이 강조되는 특정한 영역들이 있는 것이다. 어떤 재화나 서비스가 얼마나 많은 시민들과 연관되고 그들의 삶에 어느 정도로 영향을 미치는가에 따라 공공성의 여부가 '판단'된다.

많은 시민들과 연관되고 삶에 영향을 미치는 이 범위는 미리 정해지거나 고정된 게 아니라 시간과 장소에 따라 변하기 때문에 논의하고 논쟁하고 합의를 보는 과정이 중요하다. 그래서 공

역사를 살펴보면, 공공성이라는 말이 등장하기 전에도 우리 사회에는 공공성이 있었다. 그 시대에 공공성을 유지시켰던 것은 정부나 법률이 아니라 사람들의 연대와 관계와 문화였다.

공성은 뒤에서 설명할 공론장public sphere이라는 개념과 밀접한 연관성을 가진다. 공공성은 어느 누군가가 일방적으로 규정해서는 안 되며, 어떤 사회적 결정에 영향을 받는 사람이라면 누구나 그와 관련된 정보를 얻고 그 논의나 결정 과정에 참여할 수 있어야 한다. 그 과정에서 무상 보육, 무상 교육, 무상 의료처럼 예전에는 정부 정책으로 여겨지지 않던 주제들이 사회의 관심을 받으며 공공성의 화두로 떠오르기도 한다.

이처럼 다양한 과정을 거치는 일이 중요하므로 국가나 정부가 공공성을 담보하는 유일한 주체일 수 없다. 역사를 살펴보면, 공공성이라는 말이 등장하기 전에도 우리 사회에는 공공성이 있었다. 마을에 필요한 시설을 짓기 위해 다른 마을에서 춤추고 노래하며 기부를 받던 걸립乞粒, 함께 일하고 놀며 마을의 크고 작은 일을 결정했던 두레 같은 것이 공공성을 실현하는 활동이었다. 다만 그 자원이 얼굴을 맞대고 함께 일하는 인격적인 관계에서 나왔는지, 아니면 정부 같은 비인격적 기관을 통해 나왔는지의 차이가 있을 뿐이다. 그 시대에 공공성을 유지시켰던 것은 정부나 법률이 아니라 사람들의 연대와 관계와 문화였다.

사람들의 관계가 만드는 문화는 그때나 지금이나 공공성의 중요한 토대인데, 사실 동양에서는 그런 문화가 서양보다 일찍 발달했다. 앞서 가는 사람이 넘어지지 않도록 받쳐주는 모습의 사람 인人은 서로를 떠받쳐야 온전히 설 수 있는 존재, 혼자서는 결

민중의 장소, 시장과 광장

19세기의 시장은 물건을 사고파는 장소이자 놀이판이 벌어지고 민중의 여론이 형성되는 장소이기도 했다. 동학농민운동과 3·1운동은 오일장이 열리는 곳에서 일어났다. 그리고 광장은 빈 공간이 아니라 사람들이 뜻을 같이하여 만나고 모이는 공간이기도 하다. 대표적으로 1987년 6월항쟁 당시 서울 시청 앞 광장에는 백만여 명의 시민이 모여 집회를 열고 장례 시위를 벌이기도 했다.

코 완전할 수 없으며 서로 기대어 사는 존재임을 뜻한다. 동양에서는 여민與民의 사상이 공공성의 사상으로 이미 뿌리를 내리고 있었던 것이다. 다만 그런 문화가 자본주의와 근대 국가의 침투로 사라지거나 파괴되었다.

사람의 성장은 단순히 신체의 성장이나 소유의 확대를 의미하지 않는다. 옛날부터 큰사람(大人)이란 개인의 삶이 아니라 사회 속에서 어떤 역할을 맡는 공인公人을 뜻했다. 사회적 관계 속에서 공적인 역할을 맡고 그 일을 함으로써 성장하고 큰사람으로 인정을 받았다(사상가 한나 아렌트Hannah Arendt는 이를 '공적 행복public happiness'이라 표현하기도 했다). 옛날에 비해 키도 더 크고 물질적으로도 훨씬 풍요롭지만 우리가 그 시대 사람보다 더 큰사람, 공인이라고 자처할 수 있을까?

특히 한국에서는 식민지 지배 체제가 공공성을 많이 약화시켰다. 일제 강점기에 도시는 민중을 관리하는 체제였고 농촌은 식민지 본국(일본)을 위한 식량 기지였다. 공설公設, 공립公立이라는 말이 그때 등장했지만 그 시설들은 대다수 조선 민중과는 무관한, 이주한 일본인들을 위한 공간이었다. 물리적인 공간은 존재했으나 민중이 스스로 자신의 목소리를 내고 결정하는 과정은 제거되었다. 그런 공간들이 19~20세기 민중 반란의 토대였던 장소들(시장, 광장)을 밀어내고 시민이 공적인 삶을 누릴 장을 대체하며 공공성을 점차 축소시켰다. 그러면서 한국의 공공성은 정부

협동조합기본법
2012년 1월 정부는 자주적·자립적·자치적인 협동조합 활동을 촉진하고, 협동조합이 사회 통합과 국민 경제의 균형 있는 발전에 기여하도록 설립과 운영에 관한 기본적인 사항을 규정하는 법을 제정했다. 이 법에 따라 2014년 1월 기준 전국에 3,597개의 협동조합과 협동조합연합회가 만들어졌다.

가 주민에게 베푸는 시혜성 정책으로 대체되었고 시민이 주체적으로 함께 구성한다는 과정의 의미는 사라졌다.

누가 내게 무언가를 보장해준다는 시혜적 관점이 아니라 우리의 삶에 영향을 미치는 일을 우리 스스로 논의하고 결정하겠다는 자치自治의 관점으로의 전환이 필요하다.

앞서 언급했듯 국가가 공공성을 담보할 유일한 주체일 수 없기에, 그동안 국가에게 요구하는 방식으로 공공성 운동이 진행돼왔다면 이제는 달라져야 한다. 우리 시대에 공공성은 공적인 것만이 아니라 공동성the common의 과제를 안고 있기 때문이다. 공공성의 반대말이 민영화民營化보다 사유화私有化에 가깝듯, 공적인 대안도 국유화國有化가 아닌 공유화共有化에 가깝다.

언론인 나오미 클라인은《쇼크 독트린》에서 베네수엘라에서의 차베스의 실험을 이렇게 평가했다. "차베스는 베네수엘라에서 협동조합을 정치적 최우선 순위에 두었다. 처음으로 정부 계약 대신에 서로 간에 무역이 이루어지도록 인센티브를 부여했다. 2006년 무렵, 전국엔 10만 개의 협동조합이 있고 70만 명 이상의 노동자들이 그곳에 몸담고 있다. 지역 사회에 운영권을 맡긴 고속도로 통행료 징수 시설, 고속도로 정비, 의료 클리닉 같은 기반 시설들이 대부분이다."

한국에서도 2012년 12월부터 협동조합기본법이 시행되고 있지만 중앙·지방 정부가 이렇게 과감하게 권한을 넘겼다는 얘기

국가가 공공성을 담보할 유일한 주체일 수 없기에, 그동안 국가에게 요구하는 방식으로 공공성 운동이 진행돼왔다면 이제는 달라져야 한다. 우리 시대에 공공성은 공적인 것만이 아니라 공동성의 과제를 안고 있기 때문이다.

를 들은 적이 없다. 차베스에 대한 이런저런 비판이 있지만 그는 자원을 이용하고 관리하는 권한을 정부가 아니라 공동체로 넘기고 스스로 관리하게 했다. 이런 공유화는 소유의 주체가 공동체이고 운영 과정에서 스스로 결정하고 관리하는 주체를 기른다는 점에서 국유화와 완전히 다른 것이다. 공공성에 대한 관점의 전환과 더불어 실제적인 공공성의 재구성도 함께 이루어져야 한다.

나를 버리는 것이 공공성인가

공공성을 요구하는 영역이 늘어날수록 그 의미는 더욱 복잡해진다. 최근 공공성의 화두가 되고 있는 보육을 살펴보자. 과거 한국 사회에서 보육은 정부의 몫이 아니라 개인이나 가족, 친족, 공동체의 몫이었다. 그런데 가족과 친족, 공동체가 해체되고 공동체 문화와 공간이 사라지면서 보육은 온전히 개인의 몫, 특히 여성 주부의 몫이 되었다. 그러나 대부분의 가정이 맞벌이를 하는 상황에서 여성 주부 개인이 아이의 양육을 온전히 담당하는 것은 불가능하므로 보육 시설이 등장하게 되었다. 그러한 필요로 어린이집이 많이 생겼지만 주로 영리를 목적으로 하는 사립 어린이집이었고, 정부가 직접 운영하는 어린이집은 많지 않았다. 사립 어린이집에서 사고가 끊이지 않자 보육의 공공성 문제가 주요한 정책 현안이 되었다. 보육이 어렵고 비용이 많이 드니 자연스레 출산율도 빠른 속도로 떨어져, 경제협력개발기구OECD 국가 중 최하위가 되었다. 그러면서 정부가 직영하는 어린이집의 수를 늘리고 사립 어린이집의 운영 방식을 바꿔야 한다는 주장이 제기되었다. 보육을 다시 공동체의 방식으로 해결하려는 공동육아 어린이집들이 등장하기도 했다. 그리고 단지 어린이집의 수를 늘리는 것만이 아니라 어린이집을 제대로 관리하기 위해 여러 지역에서 보육 조례를 제정하거나 개정하자는 움직임도 일었다. '정부가 나서서 문제를 해결하라'는 구호가 등장하기 시작했고 세금 인상에 반대하던 보수적인 정치인들도 무상 보육을 외치는 세상이 되었다.

보육이라는 한정된 영역만 놓고 보더라도 그와 관련된 이해관계자들은 매우 다양하다. 어린이집에 아이를 맡기는 부모들, 맡기지 않는 부모들, 민간 운영자들, 위탁 운영자들, 보육 교사, 지방·중앙 정부 등 다양한 이해관계가 얽혀 있다. 공공성을 실현하는 방법도 정부가 직접 운영하는 방법부터 민간에 위탁하는 방식, 각 가정에 양육비를 지원하는 방식까지 무척 다양하다. 이 과정에서 어떤 이해관계를 더 존중하고 어떤 지원 방식을 택할 것인지, 우리 현실에 가장 적합한 방법을 찾는 과정이 바로 공공성을 보장하는 과정이다.

서구에서는 복지 국가의 등장이 공공성을 강화하는 과정이었다. 공공성은 개인과 사회가 함께 시민의 삶을 지속해나갈 구조

공공성은 개인과 사회가 함께 시민의 삶을 지속해나갈 구조를 만들어가는 과정이자 가치이다. 다수의 사람과 두루 연관된 문제라면 개인에게만 맡기지 말고 사회가 나서서 해결해야 한다는 게 공공성의 논리다.

를 만들어가는 과정이자 가치이다. 다수의 사람과 두루 연관된 문제라면 개인에게만 맡기지 말고 사회가 나서서 해결해야 한다는 게 공공성의 논리다.

그런데 앞서 언급했듯이 우리가 사는 현실에는 국가와 사회만이 아니라 시장도 있다. 지금 우리의 삶은 사실 시장과 더 많은 관계를 맺고 있다. 시장에서 재화와 서비스를 구매하지 않고 생활할 수 있는 사람은 거의 없다. 시장의 힘이 점점 강해지자 정부는 공적인 가치를 실현하기 위해 시장의 역할을 제한할 수 있다는 논리를 만들었다. 교육이나 교통과 같은 공공사업에 관해서는 정부가 기준을 제시했다. 그리고 사회적 약자를 의도적으로 먼저 배려하는 정책을 폈다. 정부의 이러한 변화가 저절로 이뤄진 것은 아니다. '요람에서 무덤까지' 시민의 삶을 돌본다는 복지 국가의 이상은 사회주의 운동의 확산을 막기 위한 자본주의 국가의 수동적인 대처이기도 했다.

이렇게 정부의 역할이 늘어나는 건 시장의 역할이 줄어드는 것을 의미할 뿐 아니라 시민 사회의 역할이 줄어드는 것을 의미하기도 한다. 물론 정부의 역할과 시민 사회의 역할이 무조건 서로 대립하는 것은 아니지만 정부가 많은 자원을 동원해서 시민의 삶을 '책임'지겠다고 '개입'하기 시작하면, 그만큼 시민의 '자율적인 삶'은 '안정'을 빌미로 포기되어야 한다. 국가가 개인의 삶을 관리하기 시작하면 사람들이 서로 관계를 맺으며 자율적으로 해제3섹터는 정부 부문도 아니고 영리 부문도 아닌 정부와 민간의 중간 영역 또는 그 어디에도 온전히 속하지 않는 영역을 가리킨다. 이런 제3섹터의 출현은 공공성을 충족시키는 다른 방법을 보여준다는 점에서 주목받고 있다.

결할 수 있는 부분도 정부의 일방적인 서비스로 변한다. 따라서 정부의 역할을 늘리기보다는 시민들의 활동과 결정 능력을 강화해서 공공성을 실현하려는 운동, 즉 아나키즘anarchism과 시민 사회 이론civil society theory이 등장했다. 아나키즘은 국가나 자본을 배제한 자치와 자급의 공동체들을 만들고자 했고, 시민 사회 이론은 국가의 행정이나 시장의 화폐에 지배당하지 않는 영역으로 시민 사회의 중요성을 강조했다.

최근에는 제3섹터the third sector라는 개념이 등장하면서 상황이 더욱더 복잡해졌다. 제3섹터는 정부 부문public sector도 아니고 영리 부문private sector도 아닌 영역, 정부와 민간의 중간 영역 또는 그 어디에도 온전히 속하지 않는 영역을 가리킨다. 이 영역에는 정부와 민간이 공동 출자해서 만든 단체들, 예를 들어 한국전력공사나 한국철도공사, 한국마사회 등이 속한다. 그리고 실업자들의 자립을 위한 자활 사업이나 사회적 기업, 협동조합 등도 제3섹터로 분류되기도 한다. 이런 제3섹터들은 사회적인 목적을 실현하기 위해 일한다는 점에서 일반 기업과 다르고, 수익이 발생하는 사업으로 목적을 실현한다는 점에서 정부와도 다르다. 이런 제3섹터의 출현은 공공성을 충족시키는 다른 방법을 보여준다는 점에서 주목받고 있다.

그렇지만 어떤 방향을 지향하든 공공성에서 중요한 것은 시민들이 공적인 사안에 관심을 가지고 문제를 해결하기 위해 함께 노력해야 한다는 점이다. 정부의 힘만으로 공공성을 실현하기 어려운 것은 삶이 총체적이기 때문이다. 정부가 개인의 사사로운 활동 모두에 개입한다면 그만큼 시민의 자율성은 줄어든다. 정부가 모든 개인의 삶을 관리하는 건 불가능할 뿐 아니라 올바르지도 않다. '아이 한 명이 자라기 위해서는 온 마을이 필요하다'라는 아프리카 속담처럼, 아이의 성장에 필요한 건 어느 한 가지 정책이 아니라 한 마을이다. 총체적인 시각으로 본다면 보육은 노동의 문제이자 성 역할의 문제, 공동체의 문제이다. 아이와 함께 보낼 충분한 여가를 보장받고 부부가 함께 아이를 기르고 아이를 데리고 안심하고 돌아다닐 공간이 있어야 제대로 된 보육이 가능하다. 그리고 보육 정책은 보육과 관련된 다양한 이해 당사자들의 의견을 반영할 때 올바른 방법을 찾을 수 있다.

동일한 정책이라 하더라도 그것이 실현되는 과정은 주변 환경에 따라 달라질 수밖에 없다. 가령, 공공성이 농촌과 도시에서 똑같은 방식으로 실현될까? 학생들에게 무상으로 질 좋은 음식을 제공하는 친환경 학교 급식이 공공성을 실현하는 중요한 정책이라는 점은 분명하다. 그런데 친환경 식재료는 대부분 농촌에서 도시로 수입된다. 특히 서울시와 같은 대도시는 농산물을 거의 생산하지 않으면서 많은 농산물을 소비한다. 대부분의 농산물 유통망은 인구가 많은 큰 시장인 대도시를 중심으로 만들어져 있고, 친환경 농산물은 대도시에서 거래되어야 제값을 받을 수 있

공공성을 실현하는 정책이 중요하다지만 그것을 실현할 과정을 섬세하게 고민하지 않는다면, 공공성을 실현하기 위한 정책이 또 다른 불공정과 불평등을 낳을 수도 있다.

다. 그러다 보니 정작 농촌의 학생들은 자기 마을에서 생산된 식재료를 먹지 못하고 중국이나 외국에서 수입된 농산물을 먹는 모순이 생긴다. 지역 농산물을 보급하는 로컬 푸드local food 운동이 일어나는 지역에서만 학생들이 자기 고향 농산물을 먹고 있는 실정이다. 학교 급식이라는 공공성을 실현하는 정책이 중요하다지만 그것을 실현하는 과정을 섬세하게 고민하지 않는다면, 공공성을 실현하기 위한 정책이 또 다른 불공정과 불평등을 낳을 수도 있다.

목적과 수단, 과정과 결과가 분리된 것이 아니듯 과정 자체가 하나의 목적이자 결과물일 수 있다. 어떤 사안을 해결하기 위해 서로 노력하는 가운데 좋은 과정이 만들어진다면 내용은 빈약하더라도 과정 자체가 하나의 성과물이고 공공성의 실현이다.

하지만 우리 사회에는 기이한 논리가 스며들어 있다. 멸사봉공滅私奉公이라는, 식민지 시대에나 가능한 논리가 아직도 똬리를 틀고 있다. 공公이라는 것이 다양한 사私들의 만남일 텐데 우리는 마치 사를 버리는 것이 공인 것처럼 잘못 생각해왔다. 그리고 공공성을 실현하는 것은 공무원이나 전문가, 학자들의 몫이라는 인식이 만연해 있다. 따라서 우리에겐 '내'가 진정 원하는 것이 무엇인지, 그리고 그것을 '우리'의 영역에서 실현하는 길은 무엇인지 더 깊이 고민하는 과정이 필요하다.

민주화 이후 님비NIMBY(not in my backyard)라는 말이 자주 사용된

공公이라는 것이 다양한 사私들의 만남일 텐데 우리는 마치 사를 버리는 것이 공인 것처럼 잘못 생각해왔다. '내'가 진정 원하는 것이 무엇인지, 그리고 그것을 '우리'의 영역에서 실현하는 길은 무엇인지 더 깊이 고민해야 한다.

다. 님비는 내 뒷마당에는 쓰레기 소각장처럼 사회적으로 인식이 좋지 않은 시설이 들어서길 원치 않는 것을 가리킨다. 그런데 어떤 시설에 반대하는 건 단순히 개인의 이해관계 때문만이 아니다. 예를 들어, 2003년 전라북도 부안에서는 방사성 폐기물 처리장을 반대하는 운동이 크게 일어났다. 조선일보, 중앙일보, 동아일보 등의 중앙 언론들은 일제히 부안 주민들을 님비라 불렀는데, 주민들은 단지 그 시설이 혐오 시설이라는 이유로 반대한 것이 아니었다. 핵 발전이나 방사성 폐기물의 위험성을 충분히 알리지도 않은 채 일방적으로 강행되는 중앙 정부의 정책에 반대했고, 주민들의 의사를 무시하는 정부에 반대했다.

밀양 송전탑을 반대하는 운동도 마찬가지다. 전기를 거의 생산하지 않는 수도권에서 가장 많은 전기를 쓰기 때문에, 정말 필요하다면 핵 발전소는 지방이 아니라 수도권에 세워져야 한다. 또 송전탑을 반대하는 이들은 우리 사회의 에너지 정책과 미래 세대의 삶, 평화와 핵 없는 세상에 대한 근본적인 성찰을 요구하고 있다. 그렇지만 이런 주장은 사회적인 의제로 만들어지지 않는다. 진정한 님비는 수도권인데, 핵 발전소나 폐기물 처리장이 들어설 지역의 주민들이 님비라 불리는 왜곡을 어찌해야 할까.

공공성의 뜻을 따른다면, 정부가 나서서〔公〕 해결해야 할 문제도 있지만 시민들이 함께〔共〕 해결해야 할 문제도 있다. 때로는 정부가 개입하지 않고 민간이 스스로 해결하도록 할 때 공공성의 의미가 온전히 실현될 수 있다. 일방적으로 매도당해온 논리에서 벗어나는 것이 진정한 공공성을 실현하는 첫 단계라고 믿는다. 이 책은 그런 고민을 나누려는 시도이다.

서양 공공성의 역사

1

시민과 공공성—인민에서 공중으로

인간이 다양한 필요를 충족시키기 위해 함께 살기 시작하면서 사회가 구성되었고, 그 사회 속에서 인간은 노동을 하고 문화, 관습, 제도를 만들며 사회를 발전시켜왔다. 생산 기술이 발달하면서 자족적인 삶을 추구하는 농민 공동체가 만들어졌고, 생산품을 교환하는 시장이 활성화되면서 상품의 유통과 사람의 자유로운 이동을 보장하는 도시도 등장했다. 사회 구성원들의 삶과 두루 연관된 것을 뜻하는 공공성은 자족적인 농촌보다 인구가 많고 다양한 이해관계가 얽힌 도시에서 더 많이 강조되었다.

그러나 사람들이 모여 산다고 해서 자연스럽게 공공성이 중요해지는 것은 아니다. 인간이 사회를 이룬 지는 오래되었으나 반드시 그 사회의 질서가 공공성을 민주적으로 논의할 만한 방식으로 세워지지는 않았다. 단적으로 소수가 다수의 사람을 지배하는 사회에서는 공공성이 제대로 논의되거나 실현되기 어렵다. 먹고사는 문제처럼 모두에게 공통된 문제는 있을지라도 그걸 풀어가는 방법이 힘을 가진 소수의 사람에게 독점되고 다수의 삶이 그들의 선의나 변덕에 의존하게 되는 것이다. 공공성은 특정 사안만이 아니라 그 사안을 풀어가는 방법과 과정까지 포함하므로 노예나 타인의 삶에 종속된 삶을 사는 사람들이 있는 사회에서는 공통의 문제가 있더라도 공공성을 실현하는 방식으로 문제를 해결한다고는 보기 어렵다.

고대의 공공성

어떤 개념을 다룰 때 가장 많이 사용하는 방법은 개념의 어원을 따지는 것이다. 공공성의 어원은 공화국republic의 어원이기도 한 라틴어 레스 푸블리카res publica이다. 로마는 기원전 1세기에 제정으로 바뀌기 전까지 공화정을 유지했는데, 공화국에서는 인민이 구성원 전체에 관련되는 중요한 일들을 함께 결정했다. 레스 푸블리카는 사사로운 일이나 집안일, 즉 사적인 것을 의미하는 레스 프리바타res privata의 반대말로, '공적인 것 또는 공적인 일'을 뜻했다. 푸블리카는 인민을 뜻하는 포풀루스populus라는 말과 어원이 같다. 로마에서는 '인민의 것res populi'임을 뜻하는 말이 공공성이기도 했다. 공공성이란 인민이 모여 공적인 일, 공동체의 일을 함께 결정해나가는 과정을 뜻했다.

그리고 우리 시대와 달리 로마 시대에는 공적인 것이 사적인 것보다 앞섰다. 사적인 것은 '박탈'을 뜻하는 라틴어 프리바투스 privatus에서 유래했다. 이는 타자의 시선에서 배제된 삶을 의미하는 것이었다. 반대로 공적인 것은 언제나 타자와 함께, 타자의 시선을 받으며 구성되는 명예로운 일이었다.

알 듯 모를 듯 어려운 말이다. 이것을 이해하려면 지금 우리 시대가 아니라 로마 시대의 지평에서 바라보아야 한다. 지금 우리가 공과 사를 나누는 경계는 로마인의 공/사 경계와 다르기 때문이다. 일단 로마인에게는 공적인 장에서 활동하는 것이 굉장히 영예로운 일이었다. 지금은 성인이 되면 정치에 참여할 권리가 저절로 생기지만 그때는 나이에 상관없이 시민권이 있어야만 참여가 가능했다. 로마의 시민들은 외부의 압력에 굴복하지 않는 자유로운 삶이 다른 무엇보다도 중요하다고 믿었다. 이런 명예로운 시민권을 지키려면 나라가 안전해야 했기에 로마의 평화와 유지를 가장 높은 가치로 여겼다. 그렇다고 로마가 시민의 자유 위에 서서 시민의 삶을 지배하는 것도 로마 시민들은 바라지 않았다. 로마는 자유로운 삶을 지속시키고 서로의 자유를 지원하는 틀이었다. 목숨이 아니라 자유가 더 중요한 가치였기 때문에, 로마에서 공동체의 영예를 지키려 했던 사람은 죽어도 죽지 않는 삶으로 시민들의 기억 속에 사는 영예를 누릴 수 있었다.

고대 그리스와 마찬가지로 로마에서도 여성, 노예, 외국인에게는 시민권이 없었지만 노예나 외국인이라 하더라도 로마를 위해

푸블리리우스 법과 포이틸리우스 법
푸블리리우스 법은 기원전 471년에 제정된 로마의 법으로 평민회가 공식적으로 민중의 이익을 도모하는 호민관을 선출하도록 했다. 이 법에 따라 호민관의 수도 5명으로 늘어났다. 포이틸리우스 법은 기원전 326년 또는 313년에 제정된 법으로 빚을 갚지 못한 채무자인 시민들을 노예로 만드는 것을 금지했다.

큰 공을 쌓으면 시민권 획득이 가능했다. 그만큼 공적인 장에 참여할 수 있다는 것은 영예로운 일이었다. 공적인 것이 사적인 것보다 앞섰기 때문에, 연애나 결혼도 사적인 감정의 차원이기보다 가문의 지위와 신분을 높이려는 거래에 가까웠다. 심지어 가장은 자기 목적을 위해 자식을 노예로 팔거나 그 재산을 빼앗을 수도 있었다. 지금이라면 심각한 범죄로 여겨질 일이 당시에는 범죄가 아니었고 지금은 당연한 상식이 그 시대에는 범죄였다. 로마 시민은 지나치게 많은 재산을 가지지 않는 것을 명예로 여겼고, 정치인들은 재산이 많지 않다는 것을 끊임없이 증명하려 했다. 돈 놓고 돈을 먹는 고리대금은 범죄로 여겨졌고, 때로는 한 가정이 소유할 수 있는 돈의 규모를 제한하기도 했다.

지금도 그렇지만 단지 권리를 가지고 있다고 해서 평민들의 힘이 강한 것은 아니었다. 로마 인민의 힘은 그들이 자신들의 힘을 정확하게 이해한 데서 나왔다. 로마의 평민들은 귀족들이 자신들의 의견을 받아들이지 않을 경우 무리를 지어 로마를 떠나는 시위Secessio plebis를 벌였다. 인민들이 없어지면 가게와 공방이 문을 닫고 시장도 사라진다. 물건을 생산하고 사회를 움직이는 자신들이 다수였으므로 인민은 도시를 떠나겠다고 협박함으로써 귀족들에게 원하는 법률이나 결정을 요구할 수 있었다. 예를 들어 기원전 339년에 제정된 푸블리리우스 법lex publilia은 원로원이 민회에서 통과된 법안을 거부하는 권한을 폐지했다. 또 포이틸리우스

마티스, 〈춤〉(1909)
공적인 것은 언제나 타자의 시선 속에서 타자와 함께 구성된다

로마의 시민들은 외부의 압력에 굴복하지 않는 자유로운 삶이 다른 무엇보다도 중요하다고 믿었다. 로마는 자유로운 삶을 지속시키고 서로의 자유를 지원하는 틀이었다. 로마 인민의 힘은 그들이 자신들의 힘을 정확하게 이해한 데서 나왔다.

법lex poetilia은 빚을 진 시민을 노예로 만드는 것을 금지했다. 심지어 로마의 인민들은 귀족들에게 양보를 받기 위해 전쟁터에서 철수하기도 했다. 이런 행위를 통해 공공성이 실현되었다.

중세의 공공성

그러나 중세에 들어서면 공적인 것의 의미가 바뀌고 인민들의 지위도 떨어진다. 중세 사회는 로마법을 받아들였지만, 영주나 귀족들이 공적인 것을 규정하는 권한을 독점했고, 인민은 공적인 장에 참여할 수 없었다. 교황과 황제가 지배권을 놓고 경쟁하던 중세 사회의 질서는 '봉건 제도'로 마무리되었다. 중세사 연구로 유명한 프랑스의 역사가 마르크 블로크Marc Bloch에 따르면 봉건 사회는 다음과 같은 특징들을 가진다. "예속 농민, 급료 대신 봉사를 조건으로 한 토지(즉 봉토) 보유제의 보급, 전문화된 전사 계급의 지배, 인간과 인간을 결합시키는 복종과 보호의 유대 관계, 권력의 분산, 그리고 이 모든 것 속에서 가족이나 국가와 같은 다른 형태의 유대 관계의 존속."

블로크

봉건 사회에서 인민은 영주에게 종속된 농민이었다. 영주와 농민의 신분 차이가 너무 커서 공공성을 논하기 어려웠다. 그렇지만 중세 사회가 단지 암흑기는 아니었다. 영주와 귀족 같은 신분제가 존재했지만 공공의 업무를 수행하는 사람들은 지금처럼 국

자유 도시
중세의 도시들은 영주나 성직자의 지배를 받았으나 점점 그 지배를 벗어나기 위해 왕의 칙령을 받고 세금을 냈다. 특히 신성로마제국의 도시들은 정치권력은 미약했으나 황제와 계약을 맺고 제국의회에 참석해 투표권을 행사할 수 있었다.

가나 공익이라는 추상적 개념이 아니라 군주와 개인적으로 맺은 관계 때문에 그 업무를 수행했다. 이들은 봉토를 받았고, 봉토는 자손에게 상속되었다. 봉토를 두고 구체적인 계약이 이루어진다는 점에서 책임 여부가 분명했다.

더 중요하게는 신분제 사회였음에도 사람과 사람 사이, 마을에는 공유지가 있었고 사적인 것과 공적인 것의 경계 사이에는 공통의 것이 존재했다. 자기 땅이라며 말뚝을 박고 울타리를 친 건 근대 사회로 들어선 뒤였다. 그래서 중세 시대에는 비록 생활은 팍팍했을지라도 여유가 있었다. 과거에는 사적인 것이라 하더라도 지금처럼 소유 개념이 확실하지 않아 그 안에 사회적인 의미를 담고 있었다. 구성원 모두에게 필요한 것은 나눠 쓰는 것이 관습이었다.

그리고 중세 시대에 등장한 도시는 조금 다른 의미에서 공공성을 강화했는데, 좁은 공간과 소음, 불결한 도시의 위생 때문에 공공사업이 필요했고, 신분이 비슷한 이웃과의 지속적인 대화와 공동체 의식은 가난한 자와 부유한 자 사이를 연결해주었으며, 이 과정에서 시민 공동체가 형성되었다. 중세 도시는 자유 도시라고 불렸는데, 도시들의 연합이 영주와 왕에게 대항할 정도로 강력한 세력을 형성하기도 했고, 로마 시대처럼 귀족과 인민이 함께 중요한 결정을 내리는 도시도 있었다.

중세 시대의 사적인 것과 공적인 것의 구분 역시 오늘날의 기준과 달랐다. 지금은 개인의 사생활이나 가족의 경계 내에 있는 것을 사적인 것이라 말하지만 근대 사회 이전에는 그런 구분이 명확하지 않았다. 중세 봉건제에서는 영주가 소작농의 가정사에 개입했고, 소작농들은 영주에게 생활에 필요한 여러 물품들을 요청할 수 있었다. 이기심은 비난을 받았고 지나치게 많은 부를 축적하는 것은 죄악으로 여겨졌다. 그 시대의 공적인 논의 사항들은 관습에 따라 결정되었다.

그럼에도 중세 시대에 인민들이 아니라 귀족이나 영주가 공동체의 크고 작은 일을 결정했다는 사실은 변하지 않는다. 귀족이나 영주들은 가끔씩 축제를 열고 음식을 나누며 자기 땅의 가난한 농민들을 달랬다. 독일의 철학자 위르겐 하버마스Jürgen Habermas는 이런 중세 시대의 의례를 공공성이 아니라 공적인 과시 또는 과시적 공공성repräsentative Öffentlichkeit으로 파악한다. 이런 공공행사는 귀족이 자신의 권위를 민중에게 과시하려는 것이었고 자신의 사회적 지위를 증명하는 것이기도 했다. 행사가 치러졌던 열린 광장은 모임을 위한 장소가 아니라 행진을 위한 장소로 점점 변질되었고 권위적이고 웅장한 건물들이 들어서게 되었다. 이런 과시적 공공성은 공론장을 구성하지 못하고 "봉건적 권위의 아우라로서 하나의 사회적 지위를 상징"했을 뿐이다. 근대적인 공공성이 주목받기 시작한 것은 봉건 권력과 교회 권력이 해체되면서 국가에 대립하는 '부르주아 사회'의 영역이, 즉 최초의 사

삼포제
중세 시대에 도입된 경작법으로 땅을 세 부분으로 나누어 3분의 1은 쉬게 하고, 나머지 두 농경지에서 1년에 두 번 수확을 했다. 경작지의 절반만 활용할 수 있었던 이포제에서 삼포제로 전환함에 따라 노동력이 연중 고르게 분산되었고 농업 생산량이 늘어났다.

적 자율성의 영역이 형성되면서부터였다.

중세 사회가 근대 사회로 전환되는 과정에는 여러 원인들이 영향을 미쳤다. 9세기 삼포제 농경 방식의 전파와 물레방아의 발달, 10세기 다양한 작업 공구의 발달과 숲의 개간, 11세기 마구馬具의 발달은 생산력을 엄청나게 발전시켰다. 이처럼 먹고사는 문제가 어느 정도 해결되자 인구가 크게 늘어나 11세기 유럽의 인구는 3,800만 명에 달했다. 그리고 종교 조직에서도 평신도회가 활성화되어 왕과 주교의 권위에 도전하는 사례들이 나타났다. 또한 교황과 황제가 권력의 주도권을 놓고 다투는 과정에서 주권·법률·신민·복속 등의 개념들이 조금씩 다듬어지기 시작했고, 논쟁을 통해 다듬어진 이런 개념들은 새로운 정치 질서를 세우는 밑거름이 되었다.

더 중요한 원인은 앞서 언급한 자유의 공간을 표방하는 도시가 출현한 것이다. 중세 시대에 도시는 경제적으로 자립할 수 있는 계층과 제한된 시민권을 보장하는 대안 공간이었다. 중세 역사가인 페르디난트 자입트Ferdinand Seibt의 《중세의 빛과 그림자》에 따르면, 중세의 자유 도시들은 "자치 행정, 장터 그리고 성벽이라는 세 개의 기본 권리들을 이용해서 방어력이 없었던 촌락보다도 도시 중간 계급의 자유를 더 잘 보장할 수 있었다". 성벽을 쌓아 올린 도시는 시민들의 요새였다. 문명Zivilisation이라는 말 자체가 도시civiltà에서 유래했고, 로마가 그 본보기였다.

코뮌

중세 시대의 자치 도시들을 가리키는 코뮌은 스스로 행정권과 사법권을 행사하는 시민들의 공동체를 뜻했다. 1871년 프랑스 파리에서 민중봉기로 세워진 파리 코뮌은 세계 최초의 사회주의 자치 정부라 불렸다. 민중의 자유, 평등, 정의를 실현하려 했던 코뮌은 이후 대안적인 사회 질서를 대표하는 말이 되었다.

1484년 프랑스 시민은 제3신분으로 정치에 참여할 수 있게 되었으나 제1신분인 성직자와 제2신분인 귀족들의 착취는 날로 극심해졌다. 이는 제3신분에 속한 부르주아의 연대를 촉진했다. 그림은 프랑스의 풍자화로, 세 신분의 관계를 상징적으로 표현하고 있다

도시의 시민들은 자치권을 획득하고자 왕이나 황제에게 복종하기도 했는데, 이 경우 도시는 국가에 종속되었으나 도시 운영에서 완전한 자치권을 보장받았다. 이탈리아에서 등장한 도시의 전사(귀족 포함)들은 해양 교역으로 부를 축적한 상인들과 함께 '코뮌', '공동체'를 만들고 자치권을 요구했다. 황제의 힘이 쇠퇴하고 사라센과 싸우며 북부 유럽의 교역이 활성화되자 이탈리아 북부의 도시들은 점점 강해졌다.

이렇게 자유 도시의 수가 늘어나고 무역이 활성화되면서 코뮌의 정치적 의사 결정권에 대한 요구도 늘어났다. 남부 프랑스

에서처럼 이탈리아에서도 도시민들의 '자유'는 로마적인 전통에 근거했고, 계약을 통해 '합리적인' 정치 구조를 만드는 '도시의 권리'가 다른 지역으로도 전파되었다. 고대 로마에서처럼, 도시는 공화국의 공간이 되었고, 귀족들은 농촌에서 힘을 발휘했다. 1484년에 프랑스 시민들은 '제3신분'의 지위를 공식적으로 인정받았다.

부르주아 사회의 등장

이런 역사를 바탕으로 본격적으로 공공성을 요구하기 시작한 사회는 근대 부르주아 사회였다. 하버마스에 따르면, 공중public이라는 말은 17세기 중반부터 영국, 프랑스, 독일에서 등장했다. 이 공중이라는 단어는 공연이나 독서에서의 '판정'이라는 말과 연관되는데, 공중의 판결을 위해 제출된 것이 '공개성'을 얻었다(17세기 말 프랑스어 publicité로부터 영어 publicity가 차용되었다). 이때부터 공개적인 판정이 여론public opinion이라는 말로 표현되기 시작했다. 로마의 직접 통치가 대표를 통한 대의 민주주의로 바뀌었기 때문에 여론은 공공성을 실현하는 중요한 수단이었다.

하버마스는 《공론장의 구조변동》에서 "초기 자본주의 장거리 무역이 창출한 상품 교환과 뉴스 교류"를 통해 부르주아 공론장이 형성되기 시작했다고 본다. 상인들의 사적인 정보 교류로 시작된 신문은 정기적으로 인쇄되고 판매되면서 사회적인 공개성을 획득하게 된다. 신문은 시민이 공공 정책을 감시하고 비판할 수 있는 주요한 수단이었다. 그리고 관청이 신문을 행정적인 목적으로 활용함으로써 이제 '공중'이 "공권력의 수신인"이 되었다. 관청이 시민을 정책의 대상자로서만이 아니라 참여자로 조금씩 인정하게 된 것이다. 이로써 형성된 "공권력의 추상적 대립자인 민중은 이제 출현 중에 있는 부르주아 공론장의 공중으로, 공권력의 상대방으로 자신을 의식할 수 있게" 되었다. 공권력의 힘이 강해졌기 때문에 부르주아들은 생각과 의견을 모으고 이를 신문이나 언론에 공론화해서 공권력에 대항했다. 공공성을 실현하려면 널리 알려 힘을 모아야 했다. 그래서 근대에 오면 공공성은 공론장과 밀접하게 연관될 수밖에 없었다. 이처럼 근대 부르주아 공론장은 공권력과의 일정한 긴장 관계 속에서, 부르주아의 이해관계를 공적인 이해관계로 전환시키려는 노력을 통해 발전되었다. 그리고 시민은 자기 자신을 다시 공공성의 주체로 여기게 되었다.

그런데 로마나 중세 시대와 달리 부르주아 공론장은 "공중으로 결집한 사적 개인들의 영역"으로 "기본적으로는 사적인 것으로 되었지만 공적으로 중요한 상품 교환과 사회적 노동의 영역에서 교류의 일반 규칙에 관해 공권력과 대결"했다. 부르주아 공중이 공권력에 맞서 제시한 원칙은 바로 공개성, 즉 이성과 법에

> 공공성은 인간이란 어떤 존재인가라는 질문과도 맞닿아 있다. 인간을 사회와 독립된 개체로 볼 것인가, 국가나 공동체의 공민公民으로 볼 것인가? 인간 존재에서 자유의 의미는 무엇인가? 이런 질문에 대한 답에 따라 공공성의 성격이 달라진다.

의한 지배였다. 이치에 맞고 합리적이면 공권력의 결정에 따르겠다는 것이다. 더불어 공권력이라도 사적인 생활에 함부로 개입하지 못하도록 금지해서 공과 사를 구분하려 했다. 부르주아들은 공공성에 참여하지만 자신의 개인성과 사생활이 존중받길 원했다. 그러면서 지금 우리에게 익숙한 공/사의 경계가 생기기 시작했다. 또한 이전에는 공공성이 공동체 전체와 연관된 정치적 결정과 연관되었다면, 이제는 경제와 문화 같은 영역에도 공공성이 적용되기 시작했다.

철학적으로 본다면 공공성은 인간이란 어떤 존재인가라는 질문과도 맞닿아 있다. 인간을 사회와 독립된 개체로 볼 것인가, 아니면 국가나 공동체의 공민公民으로 볼 것인가? 인간 존재에서 자유의 의미는 무엇인가? 공동체의 목적에 우선해 개인의 의지를 실현하는 것이 자유인가? 이런 질문에 대한 답에 따라 공공성의 성격이 달라진다.

한 가지 분명한 것은 공적인 것이 사적인 것의 소멸을 요구하지 않는다는 점이다. 외려 부르주아 사회는 사적인 이해관계와 윤리를 공적인 결정이나 정책으로 전환하는 장이었다. 공적인 영역과 사적인 영역을 구분하지만 사익과 공익을 분리하지 않는 것이 공론장이었다. 마찬가지로 공동체가 아무리 강조되어도 그것이 자율을 부정하는 것은 아니다.

그런데도 한국이나 일본의 경우 멸사봉공 이데올로기가 널리

퍼져 있는데, 이 이데올로기는 사를 버릴 뿐 아니라 심지어 사를 멸하고 공을 받들 때 공공성이 실현된다는 위험한 논리를 내포하고 있다. 오늘날 한국은 이러한 인식이 만연해 있으면서도, 사를 전면에 내세우는 자유주의를 수용하고 주장하는 모순된 사회이다.

2

근대 국가와 공공성—야경국가에서 복지 국가 거버넌스로

홉스

근대 국가를 구상했던 토머스 홉스Thomas Hobbes는 국가의 가장 중요한 역할이 시민의 생명과 자유를 보장하는 데 있다고 생각했다. 그래서 그 이전의 공화주의자들이 절대 받아들이지 않았던 '주권의 양도'를 주장했다. 모든 이가 다른 사람과 전쟁을 벌이는 자연 상태에서 벗어나려면 주권을 반드시 양도해야 한다고 여긴 것이다. 홉스에 따르면 주권은 인민에게 있으나 대표자가 그들을 대신해 입법권과 집행권을 행사할 수 있다. 그리고 주권자는 하나의 인격체person로서 전체 인민을 대표하며 법 위에 군림하고, 자연 상태에 존재하던 다중multitude은 자신의 의지와 판단을 주권자에게 양도하고 국민people이 된다. 홉스의 말을 빌리면, 이러한 "복종의 목적은 생존"이다. 국가는 밤에 순찰을 도는 경찰처럼 시민들의 안전을 돌보아야 하나 시민들의 삶에 지나치게 간섭해서는 안 된다. 홉스는 함께 논의하고 결정하는 과정을 최소화하고 국가는 외적의 침입을 방어하고 국내의 치안을 유지하는 역

자연법
인간이 만든 특수한 법률이 아니라 자연의 현상에 보편적으로 적용되는 법을 가리킨다. 서양의 경우 중세 시대에 인간을 포함한 자연계의 법칙에 관해 신학자들이 많은 연구를 진행했고, 그들은 왕이나 귀족의 실정법보다 자연법이 더 높은 가치를 지닌다고 주장하기도 했다.

할에만 충실해야 한다는 자유주의 야경국가夜警國家 이론의 토대를 다졌다.

자유주의 정부 이론

홉스의 사상은 개인의 자유를 국가에 넘겨준 것처럼 보이지만 실제로는 국가가 간섭하지 않는 부분에서, 생명을 보존하면서 누릴 수 있는 무제한의 자유를 강조하며 근대 자유주의의 기초를 다졌다. 제아무리 재산이 많아도 목숨을 잃으면 그뿐이다. 국가는 법을 넘어서는 강력한 힘으로 전쟁이나 분쟁을 막고, 그렇게 이루어진 평화로운 상태에서 개인들은 정치 외의 다른 삶, 특히 경제 활동에 힘쓴다. 그러면 안전하면서도 부유하게 살 수 있다는 게 홉스의 생각이었다. 치안과 국방 외에는 개인들 스스로 문제를 해결하는 게 자유로운 사회이니 여기서 공공성은 큰 중요성을 갖지 못했다.

홉스의 뒤를 이은 존 로크John Locke는 모든 사람이 자연법에 따라 도움을 주고받으며 생존을 도모하는 평화로운 자연 상태를 구상했다. 다만 로크는 모든 사람이 재판권을 가지는 상황, 즉 각자가 알아서 판단할 때 생기는 충돌과 같은 자연 상태의 불편함을 피하고, 생명·자유·재산 모두를 뜻하는 소유property를 더욱 더 평화롭고 안전하게 지키기 위해 정치 사회 또는 시민 사회를

로크

구성해야 한다고 보았다. 홉스와 달리 로크는 절대 군주 혼자만 자연 상태의 자유를 계속 누리는 것이 사회를 위험에 빠뜨린다고 비판했고, 정치 사회에서는 어느 누구도 법률에서 면제될 수 없다고 생각했다. 로크의 말을 빌리면, "입법권은 국민의 생명과 재산을 완전히 자의적으로 다룰 수 있는 권력이 아니며 또 그러한 권력이 될 수도 없다". 로크의 국가는 생명만이 아니라 자유와 재산 또한 적극 보호하고, 그런 소유권이야말로 절대적인 가치를 지니기 때문에 공공성의 영역을 제한하면서도 시민이 정치에 개입할 수 있는 여지를 남겨뒀다.

홉스와 로크로 대변되는 초기 자유주의 정치 이론은 정치를 군주, 귀족, 의회의 몫으로 제한했다. 참정권도 일정한 재산을 가진 사람들에게만 인정되었다. 그리고 정부의 역할을 개인 간의 충돌을 막는 치안으로 제한하고 나머지는 개인의 몫으로 남겨두거나 시장에 맡기려 했다. 일면 타당하게 보이지만, 이 방식은 그 사회의 구조적인 문제들, 예를 들어 극심한 빈부 격차의 문제 따위를 다루지 못한다. 또한 여러 사람에게 영향을 미치는 결정인데도 그 결정의 대상이 되는 사람들이 참여할 권한을 박탈한다. 그런 점에서 초기 자유주의 국가의 공공성은 상당히 제한되어 있었다.

밀

그나마 국가의 역할에 조금 더 적극적인 의미를 부여한 사람은 근대 자유주의자의 한 사람인 존 스튜어트 밀John Stuart Mill이다. 홉스와 로크의 사회 이론이 생명이나 재산의 보존처럼 소극적이

고 수동적인 차원에 머물렀다면, 밀은 적극적으로 개인의 권리를 보호하고 개인의 의견을 활성화하려 했다. 밀의 적극적인 자유주의에서 국가는 공공성을 확립하는 역할을 맡고 시민은 이런 역할에 협조한다. 나아가 밀은 로크가 불가피하다고 생각한 다수결을 거부하고 다양성을 존중해야 한다고 주장했다. 시민들이 자신의 의견을 표현할 수 있는 자유가 중요해진 셈이다.

그러나 밀이 주장하는 활발한 의사 표현은 사회의 모든 구성원의 몫이 아니었다. 밀은 "소수의 현명한 자와 다수의 어리석은 개인"이 공중에 함께 속해 있으며 다수란 언제나 스스로 생각하지 않고 다른 사람의 주장을 맹종한다고 비판했다. 밀은 현명한 소수만이 이 땅의 소금이며 이러한 존재가 자랄 토양을 보존하기 위해 다양성이 필요하다고 주장했다. 특히 현대 사회에서 대중이 군중 속에 묻혀 있고 이런 개인들의 무리인 대중이 정부를 이끄는 현상을, "평범한 사람들의 정부가 평범한 정부가 되는" 현상이라며 비판했다.

밀, 홉스, 로크는 이처럼 조금씩 결이 다르긴 하지만 근대 국가의 토대가 된 자유주의 사상은 공통적으로 공보다 사가 더 중요하다고 주장했으며 의사 결정이나 정치로부터 박탈된 삶을 자유롭고 자율적인 삶으로 규정하면서 정치적 인간을 경제적 인간으로 전환시켰다. 자유주의는 공과 사를 분명하게 구분할 것을 시민에게 요구했다. 그렇지만 자유주의 국가가 상정하는 공과 사의 명확한 구분은 현실을 가리는 은폐막이 되기도 한다. 개인이나 가족과 관련된 것은 사적이고 그 밖의 것이 공적이라는 생각은 사적인 것이 공적인 것에 미치는 강한 영향력을 은폐한다. 실제로 권력을 가진 이나 많은 재산을 가진 이들의 사적인 판단이 공적인 정책 결정에 깊이 개입하는데도 마치 그런 영향력이 없는 것처럼 현실을 묘사하기 때문이다.

사회주의의 등장과 복지 국가

19세기 사회주의의 출현은 이런 현상을 바꿔놓았다. 사회주의는 개인의 몫으로 떠넘겨진 현실의 구조적인 문제들을 사회적 차원에서 해결해 궁극적으로 모든 이가 자유를 누릴 수 있는 해방된 사회를 만들고자 했다. 자본주의가 야기한 계급 모순을 은폐하는 문제들을 드러내며 노동 계급의 해방 없이 개인의 해방은 불가능하다고 선언했다. 국가가 개인의 자유로운 생활을 보장해야 한다는 사회주의의 주장은 개인의 삶을 방치하고 궁지로 몰아넣던 자본주의를 강하게 압박했다.

마르크스Karl Marx와 엥겔스Friedrich Engels는 노동 계급에 의한 사회 변화가 사회 운동의 과제일 뿐 아니라 역사 발전의 법칙이라고 주장했다. 자본주의 사회에서 착취당하는 노동 계급이 주체성을 자각하고 세상을 변혁하는 과정에서 국가는 자본가 계급의 반

러시아 혁명
1917년 러시아에서는 세계 최초로 사회주의 혁명이 일어났다. 황제의 전제 정치와 전쟁에 지친 민중이 무장봉기를 일으켜 제정을 무너뜨렸고, 다시 사회주의 혁명을 주장하는 볼셰비키가 무장봉기해서 임시정부를 타도하고 소비에트에 기초한 공화국을 선포했다.

란을 저지하고 노동 계급의 이상을 실현하는 중요한 도구이며 다양한 형태의 공공사업을 실시해야 한다. 실제로 러시아 혁명을 일으킨 레닌Vladimir I. Lenin의 뒤를 이은 스탈린Iosif V. Stalin은 대규모 산업화 정책과 중앙 계획을 통해 엄청난 경제 성장을 이뤘다. 1928년 세계 최초의 경제개발 5개년 계획이 추진된 이래 소련은 1930년대에 연평균 20~25퍼센트의 높은 성장률을 기록했다. 정부는 정치와 경제 모두를 관리하며 다양한 공공사업을 실시했고 이는 경쟁이 효과적이지 않은 전력, 교통, 교육, 보건 분야에서 큰 성과를 거뒀다.

1932년에 완공된 드네프르 수력 발전소. 당시 소련 경제력의 상징이었다

이렇게 사회주의가 확산되자 자본주의 국가도 자본주의가 불러온 심각한 사회 문제를 해결해야 하는 과제를 떠안게 되었다. 그래서 국가가 주택, 교육, 노동 등 시민의 삶과 연관된 공공 정책을 통해 사회 모순을 해결하기 시작했다. 즉, 자본주의 국가가 자연스럽게 복지 국가로 변했다기보다는 노동자들의 운동과 사회주의의 확산이 자본주의 국가를 복지 국가로 바꿨다고 볼 수 있다.

야경국가에서 복지 국가로 이행하면서 정부의 공공사업은 크게 늘었지만 시민들을 대상으로 진행하는 정부 사업이 늘어났다고 해서 공공성 자체가 강화되었다고 보기는 어렵다. 공공성은 복지 국가는 다양한 사회 서비스를 제공하며 사회 모순들을 해결했지만 그에 따른 재정 위기에 빠졌고, 정부가 시민들의 인격적인 관계망을 대체하면서 시민 사회의 쇠퇴라는 문제를 경험하게 했다.

단지 특정 이슈를 해결하는 것만이 아니라 그 이슈를 해결하는 과정을 중요하게 여기기 때문이다.

근대 국가가 다양한 형태의 공공사업을 통해 시민의 삶을 돌보고 공공성을 강화하려 노력했지만 그런 노력이 반드시 긍정적인 결과만을 가져온 것은 아니다. 복지 국가는 다양한 사회 서비스를 제공하며 사회 모순들을 해결했지만 그에 따른 재정 위기에 빠졌고, 정부가 시민들의 인격적인 관계망을 대체하면서 시민 사회의 쇠퇴라는 문제를 경험하게 했다.

거버먼트에서 거버넌스로

1970년대 말부터 시작된 복지 국가의 위기와 1990년대 이후의 정보화 · 세계화 · 지방화 등의 사회 변화 과정에서 거버넌스governance라는 개념이 등장한다. 거버먼트와 달리 거버넌스는 정부가 일방적으로 주도하지 않고 정부와 시민 사회가 함께 문제를 해결하는 과정을 의미한다. 거버넌스는 '(키를) 조종하다'를 뜻하는 그리스어 kubernan에서 왔다. 거버먼트와 유사하게 사용되었으나 독일의 정치학자 칼 도이치Karl w. Deutscht가 '키잡이, 수로 안내인' 등을 뜻하는 그리스어 kubernetics에서 나온 용어 사이버네틱스를 정치에 적용해 거버넌스에 새로운 의미를 부여했다. 즉 정부가 혼자 키를 잡지 않고 시민 사회와 키를 나눠 잡는 역할 분담을 통해 정부와 시민 사회의 관계를 수직적이고 위계적인 형태가 아니라 보다 수평적인 파트너 관계 또는 네트워크 관계로 운영하려는 것을 뜻한다.

거버넌스 개념의 등장 배경인 복지 국가의 위기는 세 가지 원인에서 비롯되었다. 첫째는 복지 국가의 재정 위기이다. 한때 장밋빛 미래를 보장하는 듯했던 서유럽의 복지 국가들은 자본이 국외로 빠져나가고 출산율이 낮아지면서 인구 감소 등이 원인이 되어 심각한 재정 위기를 겪었고, 점차 기존의 복지 정책을 집행할 재원을 마련하지 못하게 되었다. 더 적은 비용으로 더 효율적으로 적절한 곳에 사회 복지 서비스를 제공하려는 의도가 거버넌스의 출현을 자극했다.

둘째는 대의 민주주의의 위기다. 미국이나 유럽의 안정된 정당 체제는 역설적으로 잦은 부패와 정치적 무관심, 새로운 사회 변화 전략에 대한 무관심 등을 불러왔다. 한국만이 아니라 서구 사회에서도 투표율의 하락은 일반적인 현상이며 정치 부패 스캔들도 끊이지 않았다.

마지막으로 국가가 복지라는 이름으로 시민들의 세밀한 일상까지 간섭하고 통제해서 시민 사회의 자발성과 자율성을 해쳤다(하버마스가 '생활 세계의 식민화'라고 부른 현상이다). 결국 복지 국가의 위기는 국가와 시민 사회 모두의 능력을 약화시켰다. 이런 위기를 극복하기 위해 국가는 자신의 권한과 책임을 나누고 공동으로 문제 해결을 모색하는 과정으로 거버넌스를 적극적으로 도입하기 시작했다.

거버넌스 등장의 또 다른 배경은 인터넷을 비롯한 정보화다. 정보화는 국가와 시민 사회가 쌍방향으로 소통할 수 있는 물리적 조건을 마련했다. 정보의 내용과 그 형식을 분리해 정보를 쉽게 복사·편집·가공할 수 있게 되면서 정보의 빠른 확산이 가능해졌다. 게다가 컴퓨터뿐만 아니라 비디오텍스, 화상 전송 시스템 같은 새로운 미디어들이 기존의 사회적 관계를 변화시켰고, 정보화 사회는 이전 사회의 시·공간 장벽을 허물고 새로운 시공간 감각을 만들어냈다. 이런 환경에서 스스로 많은 정보를 수집하고 가공하며 판단을 내리고 그 판단을 다른 이들과 공유하려는 시민들의 수가 늘어났다. 이러한 공유의 흐름이 인터넷 커뮤니티 내에서 소통되고 뭉쳐지면서 하나의 지적 흐름을 형성했다. 이제 시민들은 정부가 문제 해결자를 자처하며 나설 때까지 무조건 기다리지 않는다. 참여의 문화는 거버넌스의 출현을 자극했다.

또한 세계화는 각 국가가 혼자 힘으로 해결할 수 없는 문제들, 예를 들어 전 세계적인 생태계 파괴나 기후 변화, 이주 노동과 같은 문제들을 다루려면 새로운 논의 구조가 필요하다는 점을 인식시켰다. 그리고 유엔UN 차원의 인도주의적 개입이나 초국적 기업의 막강한 영향력은 이전의 국가 주권 개념을 변화시켰고, 국경을 가로질러 확장되는 정치·경제·사회 활동이 늘어나면서 외부의 사건이 개인이나 공동체에 미치는 영향력도 커지고 있다. 즉 세계화는 국가만이 아니라 공동체와 개인의 생활을 바꾸고 있다. 더 이상 고립된 섬은 존재할 수 없고 세계화라는 변화의 흐름 속에서 정부와 시민 사회가 함께 전망을 세워야 한다는 압박이 더해졌다.

지방화는 세계화라는 조건과 맞물린 개념이다. 지방화는 국가가 다루기엔 미시적인 문제들, 가령 마을 어디에 공원을 만들고 누구에게 얼마만큼의 복지 혜택을 제공할 것인지와 같은 문제들을 지방 정부에게 전적으로 위임하도록 했다. 동시에 단순한 문제 해결만이 아니라 자치 역량의 강화라는 과제를 중요한 화두로 제시했다. 시민들 스스로 해결 가능한 문제에 국가가 개입하는 건 비효율적이므로 지역민들이 스스로 문제를 해결할 수 있도록 과정을 마련해야 한다는 공감대가 확산되었다.

세계화와 지방화로 국가는 전 지구적인 문제를 해결하기엔 작고 마을의 문제를 해결하기엔 너무 큰 존재가 되어버렸다. 이러한 상황에서 거버넌스 개념이 대두되면서 사회적 합의나 연대 등이 새로운 원리로 주목받기 시작했다. 2000년대 이후에는 생태계 변화, 사회 복지, 효율적인 행정 체계, 기업의 사회적 책임 등 다양한 분야에 거버넌스 개념이 적용되었으며 지속 가능성 sustainability 개념과 결합되기 시작했다.

거버넌스에서 문제 해결의 주체는 정부와 시민 사회다. 어느 정부와 시민 사회가 같이 약속하고 의논하며 하나의 문화를 만들어가는 것이 거버넌스이다. 궁극적으로 거버넌스는 시민 사회의 자치와 정부/시민 사회의 협치協治를 지향하고 공공성을 실현하는 국가 구조의 전환을 의미한다.

하나가 앞서는 게 아니라 둘의 공동 노력이다. 함께 정책을 만들고 집행하며 평가한다. 그런 과정이 없으면 거버넌스가 아니다. 그렇다면 거버넌스는 어떻게 이루어지는가? 기존의 사업이 법이나 규칙을 따른다면 거버넌스는 공동 노력이므로 협약, 협의, 관행을 따른다. 정부와 시민 사회가 같이 약속하고 의논하며 하나의 문화를 만들어가는 것이 거버넌스이다.

그러므로 거버넌스의 내용에는 제한이 없다. 정부가 맡은 대부분의 사업들이 거버넌스의 대상일 수 있고, 거버넌스는 그 사업들을 근본적으로 재배치하고 재구상하는 역할을 맡는다. 복지 사업을 예로 들자면, 거버먼트에서는 정부가 예산을 책정하고 공무원들을 통해 사업을 진행했지만, 거버넌스에서는 정부와 시민 사회가 사업을 함께 구상하고 정부 예산만이 아니라 시민의 자발적인 활동을 통해 사업이 진행된다. 궁극적으로 거버넌스는 시민 사회의 자치와 정부/시민 사회의 협치協治를 지향하고 공공성을 실현하는 국가 구조의 전환을 의미한다. 이것은 초기의 야경국가 이론이 근본적으로 실패했음을, 또한 복지 국가가 지속 가능하지 않음을 뜻한다.

3

자본주의와 공공성—파괴의 축에서 기업의 사회적 책임으로

자본주의 이전에는 아무리 먹고사는 문제가 중요해도 경제가 공적인 영역을 압도하진 못했다. 개인의 사리사욕이 공적인 결정을 좌지우지하는 것은 부끄러운 일이었고, 자원을 무한정 축적하는 것은 범죄나 마찬가지였다. 부자가 천국에 가는 것은 낙타가 바늘구멍에 들어가는 것보다 어렵다고 한 성경의 구절도 그런 시대 분위기를 반영한 것이었다. 특히 중세까지 고리대금업은 가장 멸시받는 직업이었다. 그러나 자본주의는 모든 것을 바꾸어놓았다.

자본주의, 악마의 맷돌

미국의 정치학자 제임스 스콧James Scott은 《농민의 도덕경제》에서 농민에게 중요한 것은 '얼마나 가져가는가'가 아니라 '얼마나 남는가'였다고 말한다. 수입을 무한정 늘리는 것보다는 손실을 줄이는 것이 농민의 생활 기준이었다. 당연히 농민에게 토지와 노

악마의 맷돌
블레이크의 시 〈저 옛날 그분들의 발자취가〉에 쓰인 표현이다. 이 시는 증기 기관을 동력으로 해서 세워진 알비온 밀가루 공장 때문에 생업을 잃은 방앗간 주인들이 공장에 불을 지른 사건을 계기로 쓰였다.

동, 자연과 인간의 행위는 판매 가능한 상품이 아니었다. 강요되었건 합의되었건 공동체의 도덕은 구성원들의 생계를 보장했다. 스콧은 공동체에서 사회 구성원들이 기본적인 권리로 '생계에 대한 권리'를 요구할 수 있었으며 지배 계급조차 가난한 이들이 최소한의 생활을 유지하는 데 필요한 것들은 빼앗지 못했고 어려운 시기에는 오히려 가난한 이들의 생계에 대한 '도덕적 의무'를 졌다고 지적한다. 경제가 다른 모든 가치를 집어삼킨 지금의 우리 사회와 달리 자본주의 이전의 농민 공동체에서는 경제가 분리되지 않았고 일상적인 도덕이나 사회적인 교환의 원리에 따랐다.

이러한 농민 공동체를 파괴한 자본주의는 기본적으로 공공성에 적대적이다. 자본주의는 사적 소유권의 절대적 보장과 개인화된 삶을 전제하기 때문이다. 홍기빈은《살림/살이 경제학을 위하여》에서 초기 자본주의 이전의 경제 사상이 "개인과 집단이라는 인간의 살림/살이를 인간의 경제라고 이해하여 '살림/살이를 어떻게 펼쳐내야 할까'라는 윤리적, 도덕철학적 문제의 틀"을 가졌다고 얘기한다. 그러나 자본주의가 등장하면서 경제학은 돈벌이를 고민하는 이론으로 전락했다.

초기 자본주의가 등장했을 시기의 사회 상황은 매우 참혹했다. 경제학자 칼 폴라니Karl Polanyi가 윌리엄 블레이크William Blake의 시구를 인용해 '악마의 맷돌Satanic Mills'이라 부를 정도로 자본주의는 이전의 사회 관계를 완전히 해체하고 인간과 자연 모두를 화폐로 측정해 거래할 수 있는 상품으로 만들었다. 엥겔스는《영국 노동자 계급의 상태》에서 "사방으로 쓰레기, 썩은 고기, 역겨운 오물이 엄청나게 쌓여 있"어 "악취 때문에 숨을 쉬기도 힘"든 환경에서 "기껏해야 방이 둘이고, 거기에 다락방이나 가끔 지하실이 붙어 있는 이 축사 같은 곳에 평균 20명이 살고 있"는 비참한 상황을 묘사했다.

악마의 맷돌로 묘사된 알비온 공장의 화재

공공재의 등장

그러나 이처럼 모든 걸 바꿔버린 자본주의라도 시대의 변화를 거스르기는 어려웠다. 앞서 말했듯 사회주의가 등장하고 노동 운동이 조직화되면서 자본주의는 방향을 전환해야 했다. 그러면서 경제학도 공공성이란 개념을 진지하게 받아들이기 시작했다. 경제학은 공공성이라는 개념보다 공공재public goods라는 개념을 선호했고, 이를 사고팔 수 있는 재화나 서비스를 뜻하는 사유재private goods와 구분했다.

1954년 경제학자 폴 새뮤얼슨Paul Samuelson은 공공재의 특성을 비경합성non-rivalry과 비배제성non-excludibility이라 정의했다. 내가 자본과 국가가 힘을 겨루는 과정에서 재화와 서비스의 공적인 성격이 더 강해질 수도 약해질 수도 있다. 시민 사회가 이런 힘겨루기를 강 건너 불구경하듯 볼 수는 없다. 시민들이 관심을 가지고 이런 결정들에 참여해야 공공재의 공공성 확보가 가능하다.

어떤 재화나 서비스를 사용하더라도 다른 사람이 그것을 똑같이 사용할 수 있고, 심지어 비용을 지불하지 않은 사람도 함께 쓸 수 있는 것이 바로 공공재다. 우리가 마시는 공기나 옛날 마을에 있었던 우물, 공중파 방송 등이다. 새뮤얼슨은 모두가 함께 사용하는 이런 공공재에 시장이 개입해선 안 되며 정부가 직접 관리해야 한다고 주장했다. 새뮤얼슨의 이런 주장은 정부가 시장에 개입할 수 있는 명분을 만들어주었다.

그러나 정부가 공공재를 성공적으로 관리해온 것은 아니다. 게다가 기업들은 끊임없이 공공재를 사유재로 바꾸려고 노력해왔다. 이를테면 지금처럼 생수를 사고파는 건 불과 몇십 년 전까지만 해도 생각지도 못했던 일인데 이제는 아주 자연스러운 일이 됐듯이 말이다. 반면에 때로는 정부가 시장에 개입해서 사유재로 사용되던 것을 공공재로 변화시키기도 한다. 예를 들어, 철도나 지하철처럼 정부가 공기업을 설립해 직접 운영하는 경우도 있다.

이처럼 자본과 국가가 힘을 겨루는 과정에서 재화와 서비스의 공적인 성격이 더 강해질 수도 약해질 수도 있다. 시민 사회가 이런 힘겨루기를 강 건너 불구경하듯 볼 수는 없다. 철도, 전력, 수도 등 주요한 공공재가 어떻게 되어가는지 시민들이 관심을 가지고 이런 결정들에 참여해야 공공재의 공공성 확보가 가능하다.

기업의 사회적 책임은 지켜질 수 있을까

최근에는 기업의 사회적 책임Corporate Social Responsibility, CSR을 강조하는 목소리가 높다. 기업이 고용이나 매출 같은 경제적 효과만이 아니라 인권과 노동 조건을 향상시키고, 지역 사회와 환경에 기여해야 성장을 지속시킬 수 있다는 것이다. 어떻게 보면 자본주의의 성격을 바꿔야 한다는 주장처럼 들리기도 하는데, 자본주의의 중요한 가치를 이윤보다 상생이나 신뢰에 두겠다는 뜻이다. 실제로 2000년부터 유엔은 '글로벌 콤팩트Global Compact'를 내세워 국제 협력과 평화와 성장을 위해 기업 · 정부 · 노동계 · 시민 사회 조직 · 교육기관이 인권 · 노동 · 환경 · 반부패 등의 지침을 따르도록 유도하고 있다. 그리고 2010년 11월에는 기존의 세계인권선언, 국제노동기구ILO 협약, 글로벌 콤팩트 등을 종합한 사회적 책임 국제 표준(ISO26000)이 만들어졌다. 국제표준화기구ISO는 조직 지배 구조 · 인권 · 노동 관행 · 환경 · 공정 운영 · 소비자 이슈 · 지역 사회 참여와 발전 등을 핵심 이슈로 만들고 기업과 시민 단체, 노동조합 등이 이를 반영할 것을 요구하며 이를 인증한다. 이 인증여부는 물건을 수출할 때와 수입할 때 따지게 되었는데, 특히 기업들은 이 지침에 맞도록 기업 활동을 바꿔야 하는 과제를 안게 되었다.

그렇지만 제아무리 좋은 명분을 대더라도 자본주의의 기본적인 속성은 공공재를 사유재로 전환하는 것이다. 기업은 정부의 정책 결정에 개입하고 공공성을 훼손시키기도 한다. 신자유주의 세계화 이후 여러 국가들이 민주 사회보다 기업 사회에 점점 가까워지고 있다는 분석이 나오는 것도 바로 그 때문이다. 심지어 학교나 시민 단체 등 다른 사회 조직도 기업과 비슷한 구조를 가지고, 그 내부의 관계가 화폐의 지배를 받으며, 대통령이 경영자CEO를 자처하는 현상이 바로 기업 사회임을 드러낸다.

특히 한국은 정경 유착과 부패가 심한 국가이고 재벌가의 힘이 세다. 2007년 10월 삼성그룹의 비리를 폭로해 주목을 받았던 김용철 변호사의 책《삼성을 생각한다》(사회평론, 2010)는 비정상적인 방법으로 기업을 운영하는 재벌 일가가 어떻게 우리 사회를 파괴하고 있는지를 상세하게 들려준다. 법을 피하는 방법이 '능력'으로, '유전무죄, 무전유죄'라는 말이 상식으로 받아들여지는 순간 공화국은 부패한 왕정으로 변하고 공공성은 붕괴한다. 따라서 정부만이 아니라 기업에 대한 시민들의 관심이 절실하다.

공무원은 공공적인가

공무원은 공적인 일을 담당하는 사람이다. 공무원을 채용하는 방식은 다양한데, 고대 그리스 아테네에서는 제비뽑기 방식을 채택했다. 1년 임기의 공무원을 희망자 중에 선발해 아테네 시민이라면 누구나 공직을 맡을 수 있게 했다. 동양의 경우 평판에 따라 사람을 등용하거나 시험을 통해 관리를 선발했다. 고대에서 근대로 올수록 공무원들은 일정한 선발 기준에 따라 채용되었다. 이렇게 행정에 필요한 전문 지식을 지닌 공무원이 지휘 체계에 따라 자신의 권한에 속하는 사무를 집행하고 정치적인 결정을 내리는 체계를 관료제라고 부른다.

일견 매우 합리적으로 보이는 이 관료제를 두고 독일의 사회학자 막스 베버Max Weber는 '쇠창살iron cage'이라 불렀다. 베버는 효율성만을 중시하는 관료제의 합리성이 다른 가치나 윤리를 압도하면 기계적인 계산과 영혼 없는 통제가 사회를 지배할 것으로 내다봤다. 심지어 민주주의로써도 이런 도구적 합리성은 극복될 수 없다고 생각했으며, 외려 관료제가 민주주의를 압도할 것이라 그는 믿었다. 베버의 이런 우려는 현실로 드러났다.

원론적으로 보면 관료제는 시민 각각의 특수한 이해관계에 구속되지 않는 제도이고, 근대의 법률적-행정적 체계는 사익을 평등하게 고려한다고 주장한다. 법과 행정은 모두가 그것을 잘 이해하고 그것이 모두에게 동등하게 적용된다는 조건에서만 공공적일 수 있다. 그런데 관료제는 공공성을 그렇게 이해하지 않는다. 관료제는 관료와 전문가들의 의견만을 존중하고 시민 참여와 공공성을 연관 짓지 않는다. 시민은 자신들이 적용받는 법이 무엇인지만 알면 되고 여기에 참여하는 것은 필수적이지 않다.

민주주의도 관료제의 힘을 빼기는커녕 그 힘을 강화했고, 특히 복지 국가의 등장과 더불어 관료 기구의 규모는 계속 커졌다. 요람에서 무덤까지 시민의 삶을 관리한다는 명목으로 국가 기구를 운영하는 관료들은 끊임없이 지식과 정보를 축적했다. 인구, 농업 기술,

주민의 건강 상태 등에 관한 조사와 기록들이 관료 기구의 힘을 강화한 것이다. 그러면서 소수의 공무원들이 국민에 관한 많은 정보를 가지고 여론을 조작하거나 정치적인 결정에 영향을 미칠 수 있게 되었다. 결국 관료라는 특수한 직업군의 이해관계가 공익을 가장해 시민 사회를 지배하는 것은 피할 수 없는 일이 되었다.

특히 한국의 관료 조직은 일제 식민지 시기에 완성되었기 때문에 기본적으로 공무원이 시민을 권위적으로 내려다본다. 중요한 정책을 시민들과 충분히 논의해서 결정하지 않고 권한을 가진 사람들이 먼저 결정하고 일방적으로 통보한다. 한국의 행정 조직이 매우 권위적인 데는 1977년부터 1987년까지 사관학교 출신들을 일반직 5급 공무원으로 대거 특별 채용했던 유신 사무관 제도의 영향도 크다. 육사 출신의 공무원들은 군대식 문화를 공무원 사회에 이식했다. 관존민비의 사고방식이 민주화 이후에도 쉽게 사라지지 않는 것은 이렇게 깊이 뿌리내린 군대 문화 때문이기도 하다.

1987년 민주화 이후 관료 조직은 자기 조직의 합리성을 부각시키면서 힘을 키우려 했다. 자신들의 이해관계나 정당성이 침범당한다고 느끼면 관료 조직은 적극적으로 저항하고 이를 민주화의 논리로 포장하기도 한다. (검찰이 노무현 정부 때 노골적으로 항명했듯이) 과거 권위주의적인 지도자에게 복종하던 관료제는 민주화를 거치면서 책임을 지지 않고 상급자, 명령권자에게 기계적으로 복종하는 비민주적인 가치를 내면화했다.

물론 한국에서 관료제가 민주주의를 훼손시키는 과정에는 이런 내부 요인만이 아니라 외부 요인들도 개입했다. 공무원 사회에 깊숙이 뿌리내린 반공 이데올로기와 개발 이데올로기는 관점과 의식 자체를 제한했다. 1960년대 이후 진행된 급속한 도시화는 공무원들이 관리할 수 있는 예산이나 인력의 규모를 키워 그들의 힘을 강화시켰고 전통적인 권위주의, 가족주의, 연고주의 등도 공무원 간의 관계나 공무원과 민간의 관계를 왜곡시켰다. 이념, 이해관계, 연고주의가 공무원의 의식과 결정에 끊임없이 개입해온 것이다.

이런 문제를 정부도 인식해, 1980년 12월 29일에는 대통령훈령 제44호로 공무원의 윤리헌장이 선포되기도 했다. "국가에는 헌신과 충성을, 국민에겐 정직과 봉사를, 직무에는 창의와 책임을, 직장에선 경애와 선의를, 생활에는 청렴과 질서를"을 신조로 삼는 이

윤리헌장은 "법령과 양심에 따라 공명정대하게 업무를 처리하여 국민의 신임을 얻는" 것을 강조했다. 하지만 2010년 〈한국종합사회조사〉 결과를 보면 중앙 정부와 지방 정부에 대한 신뢰도가 각각 57.8퍼센트, 59.8퍼센트로 다른 기관에 비해 여전히 높지 않다.

이러한 불신은 공무원 사회의 잦은 비리 탓이 크다. 《경남도민일보》 2012년 7월 8일자에 따르면, 2009년부터 2011년 사이에만 비리에 연관되어 징계를 받은 국가 공무원과 지방 공무원의 수가 17,000명에 달한다. 사회가 바뀌고 민주화되었다고 하지만 여전히 공직 사회의 정책 기획이나 집행 과정은 투명하지 않다. 특정 사안에 대해 님비 현상이라며 지역 주민들을 이기적이라고 비난하지만 공무원도 자신의 이해관계에서 자유롭지 않다. 게다가 몇몇 주민들이 자기 이익을 고집해 지역 사회에 해를 입힌다 하더라도 그에 따른 피해보다는 부패한 공무원 몇 명이 지역 사회에 입히는 해가 훨씬 더 크다. 실제로, 돈을 받고 불량 부품을 핵 발전소에 공급한 공무원들은 사적인 이익을 위해 지역 사회와 국가를 엄청난 위험에 빠뜨렸다.

이렇게 보면 공무원이 더 공공적이라 할 수 없고, 공공성은 공무원이나 관료 조직이 독점할 수 없다. 아니, 어원으로 보아도 정부 기관이 독점하는 공공성은 '다리 없는 경주마'처럼 모순된 말이다. 공공성은 어떤 사람이나 조직이 전담할 수 있는 것이 아니며 다양한 이해관계자들의 지속적인 논의 과정에서 확보되어야 한다.

2장

한국에서의 공공성

한국에서의 공공성을 따로 다루는 것은 서구 사회와 한국 사회의 근대 국가 건설 과정이 다르기 때문이다. 한국의 국가 체계는 일제의 감독을 받던 대한제국 때부터 직접 지배를 받던 식민지 시기에 걸쳐 만들어졌다. 김동노의 《근대와 식민의 서곡》에 따르면, "갑오개혁에서 중앙 집권화된 근대적 국가 구조를 정착시키려 했지만 결국 실패로 돌아가고 말았는데, 일제는 조선을 식민지로 만든 이후 이를 가장 주된 식민지 운영 전략으로 설정하여 성공적으로 이루어냈다. 조선 정부는 자율적 근대화를 시도하려는 의지가 부족했던 것이 아니라 이를 성공적으로 이끌 수 있는 역량이 부족했던 것이다." 의지보다는 역량이 부족해서 왜곡된 형태의 근대 국가가 만들어졌다는 평가에는 의견이 갈릴 수 있지만, 한국의 근대적인 국가 체계가 식민지 경험을 통해 완성되었음은 부인할 수 없는 사실이다.

그런데 제국주의 국가와 식민지 국가의 국가 체계가 똑같을 수는 없다. 제국주의 국가는 식민지에서 인적·물적 자원을 마음껏 빼앗고 그 자원으로 내부의 시민들을 길들일 수 있었다. 반면 식민지 국가는 전통 사회가 빠른 속도로 붕괴되면서 대두되는 여러 가지 사회 문제 상황에서 자원을 빼앗기고 심한 탄압을 받으며 복종을 내면화해야 했다. 자연히 공공성의 구성 과정도 다를 수밖에 없다.

식민지 탄압의 공간이 되었던 서대문 형무소

더구나 한국은 식민지 해방 이후 미국과 소련의 냉전이 직접 충돌했던 한국전쟁을 겪었고, 이로 인한 극단적인 이념 대립과 반공주의가 근대의 성숙을 이루지 못하고 일탈의 길을 걷게 만들었다. 학살과 이산離散은 시민들에게 구체적인 경험으로 각인되었고, 한국전쟁 이후의 분단국가는 정부 정책과 다른 생각을 드러내고 품는 것 자체를 가로막았다.

또한 서양에서 공공성이라는 개념이 도입되기 전에 동양에도 공公의 개념이 있었으나 공을 실현하는 사람이 지배자로 제한되어 있었기 때문에 서양에서 도입된 아래로부터의 공共과 충돌할 가능성을 내포하고 있었다. 동양 사상은 고립된 개인이라는 서구 자유주의의 관점이 없었으므로 공共 개념 자체는 자연스럽게 받아들였다. 그러나 그것을 공公으로 확장하는 것은 사상과 운동의 과제였다. 하지만 일제 식민지 경험은 이런 자율적인 성장 과정을 가로막았을 뿐 아니라 공公을 내세워 힘으로 공共을 억눌렀다.

이 장은 식민지 공공성에 관한 논쟁을 비판적으로 정리하고 독재 정부와 공공성이 양립할 수 없는 이유를 다룬다. 아울러 정치적인 독재는 아닐지라도 기업의 힘에 지배당하는 정부 역시 공공성과 충돌한다는 점을 밝힌다.

1

공과 사의 기원

서양 근대사에서 공공성은 공중public의 출현과 밀접하게 연관되어 있다. 대중mass도 아니고 군중crowd도 아닌, 그렇다고 시민citizen도 아닌 공중은 어떤 존재일까? 그보다 공중公衆이라는 번역은 어떻게 나오게 되었을까? 사전에 따르면 공중의 뜻은 "사회의 일반 사람들"로 다소 밋밋하다. 앞서 살펴본 public의 의미와 비교하면 그 뜻을 제대로 전하지 못하는 번역어인 셈이다. public에는 비판적인 문제의식을 가지고 공공 영역에 개입하려는 사람들의 무리 또는 집단이라는 의미가 들어 있는데, 공중은 그냥 무리라는 의미만 드러내기 때문이다. 예를 들어, 공중화장실은 그냥 여러 사람들이 사용하는 화장실을 가리킨다. 이렇게 보면 공중은 public보다 mass(대중)나 crowd(군중)에 가깝다.

그래서 공인公人, public person과 공중을 구분해서 쓰기도 한다. 이러한 구분은 마치 공적인 업무를 담당하는 사람이 따로 있는 듯한 느낌을 준다. 사전의 정의에 따르면 공인은 '공직에 있는 사람'을 뜻할 뿐인데, 마치 그 사람의 판단 자체가 공적인 것처럼 해석될 우려가 크다. 실제로 공무원과 시민이 서로 대립하는 사안에서 공무원의 판단이 더욱더 공적인 것으로 여겨지고 일방적으로 강요되는 데는 번역어 탓도 있을 것이다.

그렇다면 공중의 반대말은 무엇일까? 공중의 반대말은 개인individual일까, 사인私人, private일까? 개인과 사인은 아무런 차이가 없을까? 사인의 사전적 정의는 "개인 자격으로서의 사람, 〔법률〕 사권私權의 주체가 되는 자연인自然人이나 법인法人"이다. 그리고 개인은 "국가나 사회, 단체 등을 구성하는 낱낱의 사람"을 뜻한다. 두 말의 뜻이 비슷해 보이지만 사인에는 공인에 대비되는 의미가 들어 있다. 그래서 사인이라고 말하는 순간 마치 공인이 아니거나 공인이 될 수 없는 것처럼 이해될 수 있다. 이 역시 사와 구분되지만 사를 배제하지는 않는 public의 맥락과는 사뭇 다르다.

한자의 의미를 따져보면, 한비자韓非子는 "옛날에 창힐蒼詰이 문자를 만들었을 때, 스스로 둘러싼〔環〕 것을 사私라 하고, 사에 등진 것을 공公이라 했다. 공사가 상반되는 개념이라는 것은 창힐도 이미 잘 알고 있었다"고 했다. 이 해석에 따르면 사는 자환自環, 즉 스스로 둘레를 치는 것이고, 공은 이런 사와 경계로써 나누어진 것이다. 그리고 후한後漢 허신許愼의 《설문해자說文解字》는 이렇게 설명한다. "공은 평분平分이다. 팔八을 따르고 사厶를 따른다. 팔은 배背와 같은 것이다." 이처럼 유학儒學은 공公을 군주〔君〕나 제

한비자

조선 후기로 가면 사私에 대한 관심이 조금씩 높아지고 공익만이 아니라 사익을 긍정하려는 흐름도 나타난다. 그런데 이런 논의도 공을 전제한 상태에서의 사익을 다룬 것이지 홀로 자기 이익만 추구하는 것은 공을 해친다고 생각했다. 동양 사상에는 홀로 고립된 개인이라는 관념이 존재하지 않았다.

후를 뜻하는 말로, 공사公事를 조정의 일(朝廷之事) 또는 공공 영역을 다스리는 자(治者)의 일로 해석했다. 그리고 사와 달리 공은 평분平分, 공평公平의 의미를 담았다. 동양의 공공에는 타자들과 함께한다는 공共의 의미가 포함되어 있었고 공론共論의 정치도 있었으나 public과 달리 공론公論의 정치는 특정인에게만 허용된 것이었다.

유학자 중에서 급진적인 편에 속하는 맹자는《시경詩經》을 따라 정전법井田法을 실행하자고 주장했다.《맹자孟子》〈등문공藤文公〉상편을 보자. "일리一里 사방의 전지田地를 일정一井으로 하며, 일정一井의 면적은 9백무, 그것을 정井 자 형으로 나누어 중앙의 백무를 공전公田으로 삼는다. 여덟 가족이 주위의 백무씩을 사용私用으로 하고, 공동으로 공전公田을 경작한다. 먼저 공사公事를 마치고, 그것이 끝난 후에 각자의 사사私事를 한다." 맹자도 공전과 사전을 분명하게 구분했고, 수확물을 조세로 납부하는 공전이 사전보다 중요하다고 보았다.

조선 후기로 가면 사私에 대한 관심이 조금씩 높아지고 공익만이 아니라 사익을 긍정하려는 흐름도 나타난다. 이익과 심대윤은 사私, 리利, 욕欲에 주목하고 사적이지만 보편적인 욕망과 이익을 실현할 것을 강조했다. 정약용도 인간 본성을 기호嗜好라는 욕구 개념으로 설명했다. 그런데 이런 논의도 공을 전제한 상태에서의 사익을 다룬 것이지 홀로 자기 이익만 추구하는 것은 공을 해친

대비원과 제위보

대비원은 고려 문종 3년(1049)에 설치된 의료 구제 기관으로 가난한 백성의 질병 치료를 담당했다. 제위보는 고려 광종 14년(963)에 설치된 빈민 구제 기관으로 나라에서 기금을 만들어 그 이자로 빈민을 구제했다.

유길준

다고 생각했다. 이것은 단지 공과 사라는 대립 관계만이 아니라 그 사이에 공共이 있음을 인식론적으로 전제했기 때문이다. 동양 사상에는 홀로 고립된 개인이라는 관념이 존재하지 않았다.

서양과 달리 동양은 중세 시대 이전부터 체계적인 법률로 국가의 공적 영역을 규정짓고 확장해왔다. 중앙의 행정 체계가 있었고 관리들이 지방으로 파견되었다. 왕은 치수治水나 대규모 공공 정책을 통해 백성의 삶을 돌봐야 했다. 예를 들어, 고려 시대에 이미 대비원大悲院과 제위보濟危寶가 만들어져 가난한 사람을 구제하고 병을 치료했다. 고려 시대 중기에는 전염병을 예방하고 가난한 백성들에게 무료로 약을 나누어주는 혜민국惠民局이 만들어졌으며, 각 지방에도 의사가 파견되어 병을 치료했다. 조선 시대에는 한양에 활인원活人院과 활인서活人署가 생겨 병을 치료하고 약품과 옷, 먹을거리 등을 제공했다. 그런 점에서 동양에서는 공공성이라는 개념이 등장하지는 않았지만 천리天理나 천하동리天下同利, 위민爲民 같은 개념을 통해 공공성이 실현되었다. 다만 이렇게 공적인 사업들이 많았지만 그것이 지배자의 가치나 판단에 좌우되었다는 점에서 그 공공성을 높이 평가하기는 어렵다.

개화기의 지식인들은 동양적인 공公의 의미를 깨려고 노력했다. 개화파의 한 사람이었던 유길준은 《서유견문》에서 빼앗거나 굽힐 수 없는 국민의 권리를 자유와 통의通義(세상에 널리 통하는 도리와 정의)로 설명한다. 여기서 통의는 유계有係와 무계無係로

구별되는데, "무계의 통의는 한 사람에게만 소속되어 다른 사람과는 관계가 없는 것이며, 유계의 통의는 세속에 살면서 세상 사람들과 사귀어 서로 관계되는 것"이다. 유길준은 인위적으로 만든 법률이 유계한 통의를 지켜야 하지만 그것이 개인의 근본적인 권리를 침해하면 안 되고, 다만 "자유를 지나치게 사용하면 방탕에 가까워지기 때문에 통의로 조종하여 그 정도를 알맞게 해야 한다"고 주장했다. 특히 "(나라는 국민의 재산권을) 방해하지 않는 데서 그치지 말고, 극진히 보호하여 털끝만큼도 침범하지 말아야 한다. 전 국민에게 다 같이 커다란 이익을 줄 만한 일이 있더라도, 한 사람의 사유물을 해치게 되면 감히 시행할 수가 없다"고 강조했다. 이런 주장은 초기 자유주의의 논리와 매우 유사하다. 개화기의 지식인들은 유학에서 무시되어온 사의 가치를 살리려 노력했고, 이것은 근대적인 공론장을 만들려는 노력을 반영하기도 했다.

문제는 이런 공의 전환이 계몽적인 방식으로 진행되었다는 점이다. 가령 유길준은 이렇게 말한다. "국민의 지식이 부족한 나라에선 갑자기 국민들에게 국정 참여권을 주어서는 안 된다. 만약 배우지 못한 국민들이 학문을 먼저 닦지도 않고서 다른 나라에서 시행되고 있는 훌륭한 정치 체제를 본받으려고 한다면, 나라 안에 커다란 변란이 싹틀 것이다. 그러므로 당국자들은 국민들을 교육하여 국정에 참여할 지식을 갖추게 한 뒤에 이러한 정치 체제에 대하여 의논하는 것이 옳다." 정치 체제는 그 나라 국민의 수준에 달려 있기 때문에 당시 우매한 조선의 국민에게는 참정권을 주면 안 된다는 것이다. 지금도 간혹 듣는 논리인데, 맞는 듯 보이지만 순서가 잘못되었다. 시민들의 참여에 지식과 공부가 필요할 수 있지만 그것이 어떤 지식이어야 하는가라는 질문이 먼저 나와야 한다. 앎이 삶과 분리되지 않아야 한다면, 그 앎이 외부로부터 자극받을 수 있으나 강요될 수는 없다. 다른 나라의 훌륭한 정치 제도가 지금 이곳의 삶에 필요하고 적합할 것이라는 보장이 없음에도 개화기 지식인들은 그 점을 성찰하지 않았다.

이화여대 한국문화연구원이 발행한 《근대계몽기 지식개념의 수용과 그 변용》을 살펴보면, 개화 시기에 인민과 백성이라는 단어는 "계몽해야 할 현실적 결함을 가진 존재"로 해석되었다. 그래서 개인의 권리를 존중해야 한다는 인식이 제기되었지만 조선의 현실을 따지면 인민의 자유나 민권은 분에 넘치는 권리로 여겨졌다. 인민을 문명의 기준에 맞게 계몽한다는 명분으로 '신체예절'이 강요되었고 문명국의 예절과 위생으로 조선의 야만을 극복해야 한다고 생각했다. 심지어 《독립신문》은 의식주와 개인의 신체를 위생적으로 관리하는 방법을 자세하게 소개하기도 했다. 그러면서 문화의 차이로 여겨질 수 있는 목욕이나 트림, 방귀 등이 문명의 잣대로 제시되고 신체를 스스로 검열하게 되었다.

이나미는《한국 자유주의의 기원》에서 개화파의《독립신문》을 분석한 뒤 한국의 자유주의가 사회 진화론적 관점을 무비판적으로 수용하면서 인종주의와 제국주의를 미화하고 민중의 권리를 인정하지 않는 반反민주적 속성을 지니고 있었다고 비판한다. 그리고 이런 반민주적 속성은 자유만이 아니라 평등과 정의 같은 가치들에도 스며들었다.

개화기에도 '국민'이라는 새로운 단어가 있었지만 그보다 더 자주 쓰인 건 '동포同胞'였다. 동포는 형제를 지칭하면서 동시에 군왕이 민을 부를 때 쓰는 말이었다. 즉 군왕은 부모를 자처하며 민을 '아동포我同胞', '오동포吾同胞'라고 불렀다. 이렇게 군주의 형제이자 자식이라는 의미로 동포가 사용되었고, 나중에 이 말은 그것을 위해 내 목숨 하나쯤 버릴 수 있는 충애의 대상이 되었다. "나라를 사랑하는 마음은 세계에 제일 으뜸가는 사랑인 고로 목숨을 버리면서도 그 목숨 버리는 것을 원통히 여기지 않고 너무 즐거워, 내 목숨 하나를 동포 형제를 위하여 버리는 것이 도리어 영광이요 생색"이라는 것이다.

사(개인)의 욕망과 이익을 강조하면서도 한편으로는 민(개인)을 계몽되어야 할 존재로 여긴 개화기 지식인의 사에 관한 의식은 분열된 것이었다. 이처럼 인민과 백성의 중요성을 인식했지만 신민으로 계몽시키길 원했고, 사의 의미에 주목했지만 이를 동포에 편입시키려 했던 모순된 시도는 자연스러운 방식으로는 성공하기 어려웠다. 어쩌면 그들에게 식민지는 그 시도를 위한 필요조건이었는지도 모른다. 이 공공성에 관한 모순된 인식은 일제 식민지를 거치면서 더 뒤틀렸다.

2

식민지 공공성

흔히 일제 식민지 시기에는 공공성이 실현되지 않았다고 얘기한다. 그렇지만 계몽적인 방식의 공공사업이 적극 추진되었고, 이는 일제의 식민지 지배 전략과 맞닿아 있었다. 일제의 경찰과 헌병은 인구 조사를 핑계로 개인의 집을 마음대로 드나들었고 위생 검사와 청결 검사를 명목으로 검사를 따르지 않는 사람들을 폭행하기도 했다. 세금을 체납하면 집안의 솥과 식기 등의 세간을 경찰이 마음대로 뒤져서 팔고 심지어 굴뚝의 개조나 공사에도 개입했다. 일제는 이런 폭력을 정당화하기 위해 계몽과 근대화의 논리를 앞세웠다. 폭력적인 공공사업들이 개화나 계몽의 이름으로 정당화된 셈이다.

이런 식민지 사회에서는 공중이 구성될 수 없기 때문에 공공성은 불가능해 보인다. 그런데 윤해동과 황병주 등은《식민지 공공성》에서 '식민지 공공성'이라는 개념을 제안한다. 식민지 지식인들은 서구 공공성의 기반인 "부르주아적 욕망과 이윤 추구"를 이해하지 못하고 예전의 유학자들처럼 개인의 이익 추구를 공공성과 대립하는 것으로 받아들였다. 그래서 동아시아의 공공성은 대부분 국가로 편입되어버렸고, 국가나 민족이 공공성을 자처하며 개인주의를 비판하고 인권을 탄압하기에 이르렀다. 동아시아의 공공성은 서구와 달리 사私와 리利를 배제한 규범적인 공공성에 머물렀다.

여기서 윤해동은 공공성이란 "하나의 공동체 혹은 사회를 위해 절박한 문제를 서로 교환하기 위해 필요한 가치"이고 그렇기에 절박한 문제와 부차적인 문제를 구분하고 공동으로 대처하고자 하는 성격, 특정한 공간이나 영역과 관련된 가치가 아니라 유동적인 가치로서 실체가 아닌 은유의 성격을 가진다고 주장한다. 1919년 3·1운동 이후 식민지에서도 행정, 경제, 종교, 문화 영역에서 다양한 모임들이 등장했고 이런 모임들이 어떤 계기로 공공 영역에 모습을 드러내면 그것은 정치적인 의미를 지니게 되었다. 이런 흐름은 직접적인 저항 운동은 아니지만 식민 권력과 거래하고 타협하며 공적인 장에 조선인을 세웠고 그들은 그 장을 자기 것으로 활용했다. 그러니 식민지 조선에서도 다양한 공공성 담론과 공공 영역이 존재했을 것이라는 가정이다.

같은 책에서 황병주는 당시 민중이 "개별 인간이나 가家와 다른 차원의 촌락 공동의 일을 '공'적인 것으로 인식했"고, 공립학교, 공설 시장, 공설 운동장, 공익사업, 공공 단체, 공중위생, 공중

조선 말기부터 형성되어온 아래로부터의 공共의 힘은 위로부터 내려오는 공公의 힘과 충돌했고 서서히 파괴되었다.

도덕, 공중변소, 공민학교, 공공심, 공덕심, 공권력, 공공 대부 등 수많은 공이 식민지에서 확산되었다고 지적한다. 그리고 1914년 지방 행정 제도 개편으로 도평의회와 부회, 읍, 면협의회 등에 제한되나마 식민지 주민들이 편입되었다. 따라서 공동의 시설을 만들고 관리하는 과정에서 식민지 주민들의 요구와 활동이 서서히 드러났다.

식민지 시기의 공유 관념은 마을과 문중을 중심으로 형성되어 있었기 때문에 서구식 공과 사의 구분이 자리잡기 어려웠다. 마을이나 문중이 국가가 방치하는 공공성을 국가에 맞서 실현하기도 했다. 그러나 황병주는 1914년 지방 행정 제도 개편에 따라 동계의 자산이 면의 재산으로 이전되면서 "촌락의 자치적 공은 총독부의 국가적 공에 침식당하게 되었다"고 지적한다. 즉 조선 말기부터 형성되어온 아래로부터의 공共의 힘은 위로부터 내려오는 공公의 힘과 충돌했고 서서히 파괴되었다.

공유와 공공성은 공익公益이나 공리公利의 등장과 맥을 같이하는데, 특히 공리는 당시 사회를 지배하던 유학 사상으로는 받아들이기 힘든 신조어였다. 왜냐하면 유학에서 공은 이익을 추구할 수 없는 것이었고, 이익은 오로지 사와 결합되는 것이었다. 일제 식민지 시기를 거치면서 공리라는 단어가 비로소 등장한 것은 이해관계에 기초한 부르주아 사회로의 이행을 뜻한다고 해석할 수 있다. 그렇지만 당시에 강조된 '공중도덕' 같은 공리 관념은 "개인의 내면과 국가(공) 권력 사이에 존재하는 것"으로 국가의 논리를 개인에게 강요함으로써 완전한 이행을 막았다.

도평의회나 부회 등의 공공 영역은 효과적인 식민 지배를 위해 시민들을 포섭하기 시작했다. 식민지이지만 그 속에서도 엘리트층이 형성되었고 엘리트들은 개인의 입신양명을 꾀하면서도 어느 정도는 지역 사회의 요구에 부응해 조선인의 권리를 지키려 노력하기도 했다. 황병주는 당시 "조선인 대중은 일제 당국과 유착한 사람을 배척하면서도, 정치·경제적으로 혜택을 받는 사람들이 '공공사업'을 위해 헌신하는 것을 당연시하였다"고 지적한다. 식민지의 정당성을 부인하면서도 공익에 해당하는 공공사업을 환영하는 모순된 감정이 조선인들 사이에 퍼졌다는 것이다. 예를 들어, "도평의회, 도회 석상에서는 조선인 교육 문제, 부역 철폐, 지방 제도의 개선, 조선인의 처우 개선 등을 둘러싸고 '질문전'이 펼쳐졌"다. 이를 보면 공공 영역이 단순히 식민-피식민 관계로 단순화될 수는 없다는 것이다. 일본의 역사학자 나미키 마사히토竝木眞人도 지역 사회의 향리층이 식민 정부와 거래를 통해 권한을 강화하고 발언권을 획득했다고 주장한다.

천정환은 《근대의 책읽기》에서 "1920~1930년대 책 시장을 가장 넓게 점하였던 매뉴얼로서의 출판물 중에서 가장 대표적인 것은 수험준비서와 학습참고서"였고, "1920년대 후반에는 고등문관·순사시험 응시자들을 위한 교재가 따로 만들어져 팔렸다는 점"을 지적한다. 식민지 청년들이 안정된 직장을 얻기 위해 열심히 공부했다는 것이다.

일제 식민지 시기를 복종-저항의 이분법으로 파악하면 현실을 제대로 설명하지 못한다. 그렇지만 공공성의 문제를 협상이나 거래를 통해 공식적인 정치 영역에 참여할 수 있다는 사실만으로 설명할 수는 없다. 공공성은 정치만이 아니라 생계의 문제이기도 하기 때문이다. 식민지 공공성은 식민지 시기의 경제 변화에 대해서는 구체적으로 설명하지 않는다.

조선총독부. 3·1운동의 불씨가 남아 있던 1920년대 초반 순사직 경쟁률은 2.1대 1 수준이었으나 3·1운동 이후 문화정치가 본격화하면서 1930년대에는 19.6대 1까지 경쟁률이 높아졌다.

마리아 미즈Maria Mies와 베로니카 벤홀트-톰젠Veronika Bennholdt-Thomsen은 《자급의 삶은 가능한가》에서 '자본주의-가부장주의-식민주의'가 함께 작동하면서 자급 기반을 파괴했다고 주장한다. 제국주의는 식민지의 자급 기반을 파괴해 정치적인 지배를 관철시켰다. 배가 든든하면 외부의 압력을 버텨낼 테지만, 먹고살 길이 막막하니 협상이나 복종을 받아들일 수밖에 없다. 자치와 자급은 그렇게 맞물려 있다. 식민지는 자연, 여성, 제3세계를 착취했고, 식민지와 피식민지의 관계는 "계약이나 등가물 교환"이 아니라 "직접적이고 구조적인 폭력에 의해 강제되고 안정화"된다.

태평양 전쟁

1937년에 일본이 만주사변을 일으켜 중국을 침공하고, 1941년에 미국이 일본에 경제 제재를 가하면서 시작된 전쟁. 1941년 12월, 일본이 미국의 진주만 기지를 습격하면서 본격적으로 시작되었다. 일본은 부족한 자원을 보충하기 위해 많은 민간인과 자원을 징발했다.

근대화나 경제 개발이 모두에게 더 좋은 것이라는 가정은 좌파와 우파가 공유하는 잘못된 가정이다.

그리고 식민지 공공성은 태평양 전쟁을 거치면서 식민지 주민들을 포섭하는 전략에서 점점 동원하는 전략으로 변화했다. 이는《식민지 공공성》에서도 지적된다. 조관자는 "1942년 4월 1일의 통계에 따르면, 조선 전도의 부락에서 애국반의 대표는 448만 명, 각종 연맹의 단체는 1만 7,704개에 달했다"고 서술한다.

즉 일제는 혁신이라는 이름으로 사회 전체를 규율하려 들었다. 그 운동의 내용은 "일본 정신 및 순국 정신의 앙양, 공민 의식의 증대, 국어 보급, 황도 문화의 진흥, 과학 정신의 앙양, 징병제 실시의 준비, 전시 경제의 추진과 폭리 행위의 억제, 국민 체위의 향상"을 목표로 삼았다. 그리고 이를 위한 구체적인 운동으로 "결전 생활 철저 운동, 분인 계발 운동, 조기 운동, 성지 참배, 저축 장려 운동, 후생 운동, 국민 개창皆唱 운동" 등이 다양하게 벌어졌다.

이런 문화에서 과연 공공성을 논할 수 있을까? 분명 이해관계의 거래가 이루어졌겠지만 그것은 공공성의 중요한 속성인 비판적 공개성을 반영하지 못한다. 단지 소수의 조선인이 발언하고 참여했으며 다수를 위한 사업이 있었다는 사실만으로는 공공성을 논하기 어렵다.

식민지 공공성이라는 개념은 그동안 논의되지 않던 회색지대를 드러내긴 했으나 그 회색지대가 당시 주민의 삶에 어느 정도 의미가 있었고 어떤 지향을 가졌는지를 드러내지 못했다고 볼 수 있다. 그것은 공공성에 관한 규정에서 이미 예견된 부분이기도 했다. 왜냐하면 식민지 공공성의 정의에서는 공公이 부각되지만 공共이 드러나지는 않기 때문이다. 절박한 문제를 서로 어떻게 소통하고 민주적인 가치를 실현할 것인가? 절박하고 부차적이라는 기준조차 누구의 판단으로 만들어진 것인가? 공공성이 단순히 서로에게 필요한 자원을 거래하는 과정인가? 식민지 공공성은 이런 물음들을 남겨놓았다.

3

독재 정부와 공공성

독재 정부에서는 공공성이 불가능하다. 이것이 당연한 상식이지만 식민지 공공성을 살피고 나면 독재 정부의 공공성도 고민하지 않을 수 없다. 한때 '대중독재'라는 개념이 유행했는데, 독재라는 것이 강제적인 탄압만이 아니라 대중의 동의를 얻고 자발성을 끌어내는 다양한 헤게모니 장치를 통해 유지된다는 것이다. 따라서 탄압하는 독재와 저항하는 민중이라는 이분법적인 틀이 유효하지 않고, 때로는 대중이 독재와 공모하기도 한다. 그래서일까? 독재자에 대한 향수는 쉽게 사라지지 않는다.

그렇지만 이런 주장 역시 대중을 어떤 단일 주체로 정의하려는 것이며 지역, 성, 계급에 따라 이질적인 사람들이 우리 사회를 이루고 있다는 점을 무시한다. 기존의 사회 운동 이론이 민중을 저항의 주체로 이상화하는 것은 분명 또 다른 환상을 낳는 가정일 수 있지만 이들을 대중이라는 틀로 묶어두려는 것 또한 근대적인 시도이다. 김원의 〈부마항쟁과 도시하층민〉에 따르면, "대

"공공성이란 '민주적 정통성'과 '민주적 통제'라는 두 측면에서 민주주의와 연관되어 있다."

— 사이토 준이치

중이나 민중 혹은 민주화 운동이란 언어가 아닌, 이질적 소수자, 사회적 타자, 주변부 사회 집단의 '환원 불가능한 주체성'들을 이론적으로 탐구"하는 과정이 필요하다. 그런데 "대중독재론과 그 반론은 서로 문제 제기를 통해 서로가 상정한 '이분법적 문제 틀'을 거스르려고 했지만, 결국 양자 간의 논쟁과 토론은 '근대적 틀' 안에서 작동하는 지식으로 구성되어 있다"는 것이다. 즉 대중독재 담론과 그 반론은 도시 하층민이나 도시의 변두리를 배제하고 근대적인 시민만을 주체로 다뤘다. 배제된 사람들에게 공공성은 낯선 단어일 뿐이다.

독재 정부의 공공성이란 '인명 피해 없는 폭탄'처럼 모순된 말이다. 사이토 준이치齋藤純一는 《민주적 공공성》에서 공공성이란 '민주적 정통성democratic legitimacy'과 '민주적 통제democratic control'라는 두 측면에서 민주주의와 연관되어 있다고 주장한다.

민주적 정통성은 정치적 의사 결정에 영향을 받는 국민을 포함한 모든 관계자들이 의사 형성 과정에서 배제되지 않고, 그런 결정이 공공적 근거public reason에 따라 정당화되며 규범적으로 타당한 정치 문화를 형성하는 것이다.

그리고 민주적 통제는 국가가 공공적인 의사 형성-의사 결정 과정을 밟고 있는지를 시민이 감시하는 것이다. 이것은 국가의 권력 남용을 감시하고 제어하기 위해 정보 공개를 요구하고 정부에 설명을 요구하는 비판적 공개성이다. 이 두 가지 기준을 따

독재 정부는 공공성을 함께 구성할 시민의 활동을 탄압하고 정치에 참여하는 시민보다 부당한 법에도 무조건 따르는 순응적인 '준법 시민'을 강요한다. 그리고 이런 과정에서 공화국의 정신이라 할 헌법은 더럽혀진다. 독재 정부는 공공성과 적대적이다.

른다면 독재 정부와 공공성은 양립할 수 없다.

한국의 독재 정부가 공공성과 양립하기 어려운 이유를 자세히 살펴보자. 가장 기본적으로 독재 정부는 공공성을 함께 구성할 시민의 활동을 탄압하고 정치에 참여하는 시민보다 부당한 법에도 무조건 따르는 순응적인 '준법 시민'을 강요한다. 그리고 이런 과정에서 공화국의 정신이라 할 헌법은 더럽혀진다. 공화국과 공공성의 어원이 같다는 점을 고려하면 독재 정부는 공공성과 적대적이다.

이승만 정부는 한국전쟁이 진행 중이던 1951년에 대통령 직선제 개헌안을 국회에 제출했다. 이 개헌안이 부결되자 1952년 5월, 부산 등 23개 시군에 계엄령을 선포하고 국회의원 12명을 구속했다. 7월 4일에는 경찰과 군인들이 국회의사당을 포위한 채 국회의원들을 압박해 직선제 안을 강제로 통과시켰다. 또한 1954년에는 헌법에서 대통령 연임 제한을 없애는 소위 사사오입 개헌을 강행했고, 1960년에는 대대적인 부정 선거를 벌였다가 결국 시민들의 저항으로 권좌에서 쫓겨났다. 이처럼 이승만 정부는 민주적 정통성과 민주적 통제를 부정했을 뿐 아니라 제주도 4·3사건을 비롯해 한국전쟁 당시에 벌어졌던 수많은 민간인 학살에 대한 책임을 면할 수 없다.

그리고 박정희 정부는 1961년 5·16 군사 쿠데타를 통해 만들어진 정부라는 점에서 민주적 정통성이 없었다. 박정희는 1969

년에 헌법을 바꾸고 1971년에 제7대 대통령으로 삼선된 후 1972년, 국회 및 정당을 해산시키고 전국에 계엄령을 선포한 뒤 유신헌법을 제정해 각종 긴급 조치를 남발하며 민주주의를 억압했다. 조희연 등이 펴낸《국가폭력, 민주주의 투쟁, 그리고 희생》에 따르면, "국가 보안법, 집회 및 시위에 관한 법, 긴급 조치, 공무 집행 방해법, 노동법, 경범죄 처벌법 등에 의하여 구속된 양심수들의 수는 71년의 156명에서 유신 체제가 붕괴하는 79년에는 1,239명으로 급증"했다. 그리고 1969년 이후에만 1만 명이 넘는 다양한 희생자가 발생했다. "희생의 유형은 사망이나 행방불명과 각종 상이를 당한 경우와, 유죄 판결이나 해직, 학사 징계 등을 당한 경우로 나눌 수 있다. 여기서 특별히 사망의 경우가 270명에 이르고 있으며, 상이를 당한 경우가 1,013건에 이르고 있음을 볼 수 있다." 정치적 의사 결정 과정은 소수의 지배층에게 독점되었고 정부를 비판하거나 저항하는 사람들은 감금되었다. 사이토 준이치의 정의에 따르면 박정희 정부와 공공성은 대립할 수밖에 없다.

그 뒤를 이은 전두환 정부 역시 1979년 12·12 쿠데타를 일으켰고, 허약한 정통성을 강화하기 위해 1980년 5월에 공수 부대를 투입해 광주 시민들을 학살했으며, 그해 8월 27일 서울에서 열린 통일주체국민회의에 단독 후보로 나서 99.9퍼센트의 득표율로 대통령에 당선된다. 이후 전두환 정부는 900여 명의 기자들을 대량 해직한 '언론 통폐합', 폭력 소탕을 이유로 약 2만 명을 군부대에 수용하고 폭력을 가한 '삼청교육대', 많은 사람들의 목숨을 빼앗은 '형제복지원 사건' 등 민주주의를 무시한 수많은 사건을 일으켰다. 이런 독재 정부 아래에서 시민의 삶은 비참해지고 공공성은 파괴될 수밖에 없었다.

1987년 민주화 이후 집권한 노태우 정부는 부정 선거로 집권했다는 의혹(대리 투표, 사전 투표, 릴레이 투표, 투표함 바꾸기 등)을 받으며 집권했고, 보안사와 안기부가 계속 민간인을 사찰하며 국가를 감시하는 국민을 외려 감시했다. 민주화를 내세우고 집권했지만 중요한 의사 결정 과정에서 당사자들은 배제되었다. 예를 들어, 현대중공업이나 서울지하철, 전교조 등의 노동조합들은 심한 탄압을 받았다. 1991년 4월 명지대생 강경대의 사망과 연이은 분신, 유서 대필 사건 등은 민주화라는 말이 무색할 정도로 최소한의 민주적인 절차조차 무시했다. 그래서 시민권이나 인권을 존중하지 않는 독재 정부에서는 공공성을 논하기 어렵다.

헌법을 파괴하고 시민권을 무시한 독재 정부라 하더라도 시민들의 삶에 필요한 다양한 공공사업을 실시하지 않았느냐는, 그러니 공공성을 조금이라도 확보한 게 아니냐는 물음이 있을 수 있다. 사이토 준이치는 공공성이 첫째, 국가에 관계된 공적인official 것이라는 의미, 둘째, 모든 사람들과 관계된 공통적인common 것이라는 의미, 셋째, 누구에게나 열려 있다open는 의미를 가진다고 본다. 독재 정부는 첫째 의미, 즉 공공사업, 공공 투자, 공적 자금, 공교육, 공안公安 등을 진행할 수 있다는 점에서 자신의 공공성을 주장할 수 있지만(물론 그조차도 위의 민주적 정통성과 민주적 통제라는 관점에서 보면 불가능하다) 둘째, 셋째의 의미를 충족시킬 수는 없다.

경부고속도로 개통

이승만, 박정희, 전두환 정부 때 경부고속도로를 비롯한 대규모 공공사업이 시행되고 각종 공공시설들이 만들어졌지만 그것은 국가의 공식 사업이었을 뿐이다. 또한 1인당 국민소득이 증가했으나 이러한 지표가 시민의 복지를 증진했다고 보기는 어렵다. 경제 성장은 농민과 노동자의 희생을 바탕으로 이루어졌고 민주적인 절차 없는 성장은 부패로 이어졌다. 특히 박정희 정부는 혁명 정부를 표방했지만 10대 재벌 총수들과 결탁해 비자금을 조성하고 재투자하며 국가의 공적 자금을 사적으로 유용했다. 한국의 경제 발전 전략은 곧 부패한 정부와 기업의 동반 성장 전략, 정경 유착의 과정이었다. 한국의 기득권층은 사회의 위기가 발생할 때마다 '고통 분담'을 내세웠지만 그 고통은 언제나 힘없고 약한 사람들에게 떠넘겨졌다. 주요한 정부 기관이나 기업에 대한 신뢰도가 계속 낮아지는 것은 이런 현상과 무관하지 않다. 모든 이의 독재 정부는 차이를 가진 다양한 사람들을 동일한 국민으로 만들려고 시도했을 뿐 아니라 시민들의 관계와 연대를 파괴하고 서로를 격리시켰다. 한마디로 정의하면, 한국의 독재 정부는 공公을 내세워 공共을 파괴했다.

삶과 연관된 공공사업들이 소수의 사람들에게 특혜를 주고 다수의 참여를 배제했다는 점에서 독재 정부는 공공성과 대립한다.

더 근본적으로 살펴보자. 사이토 준이치는 "공공적 공간이란 자신의 '행위'와 '의견'에 대하여 응답을 받는 공간"이라 주장한다. 또한 한나 아렌트는《인간의 조건》에서 "모든 사람을 위해서 사는 사람, 또는 모든 사람에 대항하며 사는 사람, 두 사람 모두 고독한 사람"이라고 말했다. 각자가 가진 차이와 다원성은 말과 행위로 세상에 드러나는데, 이것은 사람들이 "타인을 위해서 또는 대항해서가 아니라 타인과 함께 존재하는 곳에서만 전면에 나타난다. 즉 순수히 함께함에서 나타난다". 이들에 따르면 진정 공적인 활동은 타인과 공중, 다수로 구성된 공간 속에서만 가능하다.

독재 정부가 파괴하는 것은 광장과 같은 단지 물리적인 공간만이 아니라 국민 전체의 삶으로 환원될 수 없는 독특한 삶 자체다. 독재 정부는 차이를 가진 다양한 사람들을 동일한 국민으로 만들려고 시도했을 뿐 아니라 시민들의 관계와 연대를 파괴하고 서로를 격리시켰다. 한마디로 정의하면, 한국의 독재 정부는 공公을 내세워 공共을 파괴했다.

한국의 독재 정부는 차이와 다양성을 파괴하기 위해 노력했고, 이것은 중세의 과시적 공공성처럼 대규모 국민운동으로 조직되기도 했다. 대표적으로 박정희 정부는 쿠데타에 성공하자마자 자신들의 이데올로기를 전파할 관변 단체를 대대적으로 조직

프레이저 보고서
1976년 한국 중앙정보부가 미국 정치인을 매수하는 사건(코리아게이트)이 벌어지자, 미국 하원은 프레이저 위원회를 구성하고 한미 관계를 조사해 보고서를 만들도록 했다. 이 보고서에는 한국 정보부가 미국의 여론을 조작하려 한 사실과 함께 박정희 정부의 정책에 관한 분석도 담겨 있다.

했다. 1961년 6월부터 1975년 12월까지 재건국민운동본부와 재건국민운동중앙회가 만들어져 재건 운동, 신생활 운동 등을 벌였다. 이 재건국민운동은 "전 국민이 단결하여 반공 이념을 확고히 하고 신생활 체제를 확립하며 청신한 기풍을 배양하여 새로운 민주 공화국의 굳건한 토대를 이룩"하자고 외치며, 세부 지침으로 "승공 민주 이념의 확립, 내핍 생활의 려행勵行(힘써 행함), 근면 정신의 고취, 생산 및 건설 의지의 증진, 국민 도의의 앙양, 정서 관념의 순화, 국민 체위의 향상"을 내세웠다. 법률에 따라 시·군·구·읍·면·동 단위까지 지구 재건국민운동 촉진회가 만들어져 전 국민을 대상으로 이데올로기를 전파했다. 실제로 박정희 정부가 경제 발전에 성공했는지(프레이저 보고서를 비롯한 여러 정황들이 그 성공을 부정하지만!)와 상관없이 그렇게 믿게 만든 것이다.

이뿐만이 아니다. 1970년부터는 새마을운동이 시작되어 반공주의와 발전주의에 바탕을 둔 근대화를 추진했다. 1970년 4월 '새마을 가꾸기'로 시작한 새마을운동은 전국의 마을에 시멘트를 제공해서 길을 닦고 우물을 설치하도록 했다. 우수한 마을은 따로 뽑아 시멘트와 철근을 더 지원해 참여도를 높였다.

전국 시·도·군 새마을 운동 과장회 ©국가기록원

1974년부터는 공장과 도시에서도 공동체 의식을 높인다는 명목으로 새마을 운동이 대대적으로 추진되었다(덕분에 지금도 새마을 운동이 지역 사회를 장악하고 있다). 이런 스펙터클한 광경들은 뭔가가 나아지고 있다는 환상을 불러일으켰지만 과거와의 '단절'을 통한 개선일 뿐이었고 차이와 다양성을 배제해 민주적인 공공성 구성을 불가능하게 만들었다.

즉 독재 정부는 공공성을 세 가지 측면에서 파괴한다. 첫째, 공중을 구성하는 시민들의 권리가 노골적으로 억압당하고 공화국의 정신인 헌법이 공공연하게 무시된다. 둘째, 시민의 공통된 복지를 희생시키고 기득권층에게 사회의 자원을 몰아줘 공公의 기반을 취약하게 만든다. 셋째, 시민의 차이와 다양성을 없애 공共의 구성을 불가능하게 만든다.

4

민간 정부에서의 공공성

민주 정부가 수립되면 공공성은 자연스럽게 실현될까? 사이토 준이치는 민간 정부, 민주 정부하에서도 공공성이 문제 될 수 있다고 본다. 사회 정의를 외치는 사회 국가가 사회적 연대를 확산시키며 공공성을 강화할 수 있지만, 시민들이 "사회적 연대를 위한 비용을 부담하는 것에 대해 강한 저항감을 가지게 되어 사회 국가가 다수의 지지를 잃"는 상황이 올 수 있다는 것이다.

특히 사이토 준이치는 민주화 이후 공공성을 훼손하는 동일화와 격리가 정치만이 아니라 경제 영역에서도 나타난다고 본다. "공공성을 사람들 사이를 넘어선 차원에서 '국민적인 것'으로 위치 짓는 이 사조는, '공공성'(공익)을 국익과 동일시하고 글로벌리제이션의 조건하에서 일본이 국제 경쟁, 곧 '경제 전쟁'에서 승리하기를 바라는 경제적인 내셔널리즘과도 친화적인 관계에 있다." 신자유주의의 파도는 공공성이라는 방파제를 계속 갉아먹으며 사회적 연대를 공동화空洞化하고 사람들을 사회적, 공간적

민주화 이후 공공성을 보장하려는 다양한 시도들이 있었지만 사회적 연대는 약화되었고 부동산 투기와 수도권의 집값 폭등, 아파트 단지화로 인한 공간적·사회적 분리도 심각해졌다.

으로 분리한다.

한국의 상황도 이와 다르지 않다. 민주화 이후 공공성을 보장하려는 다양한 시도들이 있었지만 사회적 연대는 약화되었고 부동산 투기와 수도권의 집값 폭등, 아파트 단지화로 인한 공간적·사회적 분리도 심각해졌다. 손낙구가 《부동산 계급사회》에서 부동산이야말로 "우리 사회를 송두리째 뒤흔들 수 있는 시한폭탄의 뇌관"이라고 주장할 정도로 공간의 분리가 심각한 상황이다.

그렇다면 문민정부 수립 이후 공공성이 어떻게 파괴되었는지 구체적으로 살펴보자. 첫째, 사이토 준이치가 지적했던 사회적 연대의 틀이 파괴돼왔다는 점을 지적할 수 있다. 민주화 이후 최초의 문민정부로 평가받는 김영삼 정부(1993~1997) 이후로 한국은 세계화와 신자유주의의 파도에 휩쓸리기 시작했다. 김영삼 정부는 1994년 시드니 선언에서 소위 '세계화 구상'을 내놓고 세계화를 위해 일류화·합리화·일체화·한국화·인류화를 추진하겠다고 선언했다. 급조된 선언을 바탕으로 세계화추진위원회가 구성되었고, 1995년 1월 새해 기자 회견을 하면서 김영삼 대통령은 세계화라는 말을 16번이나 반복했다. 1995년은 세계화 원년으로, 세계화는 '제2의 개국'과 같은 수식어가 붙였다. 세계화 속에서 연대보다는 노골적인 경쟁이 시민들에게 강요되었다.

이후 김영삼 정부는 국제 경쟁력 강화를 위해 교육과 공공 부문을 개혁하고 노사 관계를 바꾸고 규제를 완화하며 언론 홍보를 통해 세계화의 당위를 역설했다. 또한 '신한국인'이라는 말을 만들어 개인의 경쟁력이 마치 국가의 경쟁력인 것처럼 강요했고, 정부는 '신한국 창조'를 모토로 삼았다. 김영삼 정부는 오로지 경쟁력만을 강조하며 민주주의와 분리된 시장 경제를 발전시켰고, 장기적으로 보면 이것은 독재 정부만큼 공공성을 훼손했다.

그 뒤를 이은 김대중 정부의 전략도 크게 다르지 않았다. 김대중 정부는 '대중 경제론'이라는 나름의 이론을 가진 정부였고 민주주의와 시장 경제의 동시 발전을 추구했다. 하지만 김대중 정부는 IMF라는 짐을 지고 활동을 시작했다. 노동계와의 연대나 협상보다 중소기업 활성화에 더 집중하면서 노동 계급은 계속 배제되었고, 협의 기구인 '노사정위원회'가 만들어졌지만 형식적인 운영이었다. 최장집은《민주화 이후의 민주주의》에서 김대중 정부가 "민주적 개혁의 지향성만 가졌을 뿐 국가 영역 안에서 이를 위한 이념, 프로그램, 리더십, 지지 기반을 충분히 갖지 못했다"고 평가한다. 정부 바깥의 시민들의 지지와 지원이 필요했지만 그 힘은 강하지 않았고 보수적인 시민 사회와의 갈등이 불거지면서 정부와 시민 운동이 동시에 약화되었다는 것이다.

둘째, 민주화 이후에도 정부가 경제 발전을 내세워 생태계를 파괴하고 공公의 자산을 함부로 훼손했다. 그런 점에서 김영삼 정부가 내세웠던 '신한국 건설'은 공허할 뿐 아니라 민주화의 내실을 파괴하는 위험한 구호였다. 새로움을 내세웠지만 양적인 성장만을 중시하는 박정희 식의 개발 정책은 그대로 유지했고, 김영삼 정부 시절인 1995년에는 국내총생산GDP에서 토건 분야가 차지하는 비중이 26퍼센트로 역대 최고를 기록했다. 게다가 아무런 준비 없이 금융 시장을 개방했으며 소비를 확대하는 정책을 집행했다. 또한 김영삼 정부의 '5 · 31 교육개혁안'은 개혁이라는 말이 무색하게 교육을 서비스 공급과 소비자의 관점에서 해석하고 사학 재단에 더 많은 자율성을 부여함으로써 대학을 상업 공간으로 바꿨다. 물론 토지 공개념이나 금융 실명제와 같은 개혁적인 조치도 있었지만 공공성의 관점에서 본다면 김영삼 정부는 의미 있는 변화를 만들지 못했다. 결국 1997년에 국제금융기구IMF의 구제 금융을 받는 국가 부도 사태라는 엄청난 짐을 김대중 정부에게 물려줬다.

김대중 정부는 '국민의 정부'라는 모토를 내세웠지만 당시의 신자유주의 기조를 적극 수용하며 국제 경쟁력을 주요한 전략으로 삼았다. 그래서 재벌의 지배 구조를 바꾸고 내수 시장을 안정화하기보다 기업의 인수 합병 시장을 개방해 세계화를 적극적으로 받아들였다. 빚을 지고 노동 시장에 진출하는 청년 세대는 김대중 정부의 유산이다. 국민의 정부는 부동산, 금융 등의 분야에서 대대적인 규제 완화

상업 시설 유입에 따른 복지 문제를 제기한 이화여대의 총학생회

사회 안전망
질병이나 실업, 빈곤, 노령화 등의 위험에서 국민을 보호하려는 기본적인 제도로 소위 4대보험, 즉 국민연금, 건강보험, 고용보험, 산재보험이 이에 해당한다. 2014년 2월 생활고에 시달리던 세 모녀가 동반 자살한 일은 한국의 사회 안전망이 매우 취약하다는 사실을 드러냈다.

와 경기 부양책을 써서 나라 살림살이의 내실을 허약하게 만들었다. 사회 안전망을 구축하고 실업 기금을 만드는 등 대외적 복지 정책을 추진하는 노력은 있었지만 살림살이는 나아지지 않았고 상황은 비극적이었다.

나오미 클라인은《쇼크 독트린》에서 1997년 IMF 사태의 한국 상황을 이렇게 묘사한다. "외국 다국적 기업들은 인도네시아, 태국, 한국, 말레이시아, 필리핀에서 단 20개월 만에 186개 회사를 인수 합병했다……인도네시아, 말레이시아, 한국의 고용률은 여전히 1997년 이전 수준으로 돌아가지 못하고 있다. 위기 때 직장을 잃은 노동자들이 복직하지 못했기 때문만이 아니다. 새로운 외국인 소유자들이 보다 많은 이윤을 얻길 원했기 때문에 해고는 계속되었다. 자살 또한 계속되었다. 한국에서 자살은 이제 네 번째 사망 원인이 되었다. 위기 전에 비해 두 배 이상 자살률이 증가했다. 거의 매일 38명이 자살하는 셈이다……공공 분야 노동자들, 중소기업가, 보조금을 받던 농부들, 노조가 희생되었다." 김대중 정부는 이런 사태의 책임을 면하기 어렵다. 과연 그 당시 다른 길은 없었을까?

더구나 고통 분담을 내세웠지만 그 짐은 공평하게 나눠지지 않았다. 김대중 대통령은 당선 직후인 1998년 1월 재벌 총수들과의 면담과 합의를 통해 기업 구조 조정의 5원칙을 정했다. 기업 경영의 투명성 제고, 상호 지급 보증 해소, 재무 구조의 획기

영미식 스탠더드
주주 가치 또는 주주 주권을 중심으로 사적 소유권이 정립되고 자유 경쟁과 전면 개방의 시장 규칙에 기반을 둔, 그런 의미의 투명성과 책임성이 갖추어진 자본주의 모델을 가리킨다. 한국에서 영미식 스탠더드는 재벌 총수의 사실상의 이사 제도, 사외이사 제도, 소액주주 권리 강화, M&A 시장 허용 등을 통한 재벌 개혁, 금융 분야에서의 자본 시장 빅뱅 그리고 BIS 자기자본 비율 및 수익성 논리를 중심으로 한 은행 부문 개편, 비정규직을 양산한 노동 시장의 유연화, 공공 부문의 사유화, 글로벌 시장으로의 전면 개방을 불러왔다.

적 개선, 핵심 부문 설정, 지배 주주 및 경영진의 책임 강화가 그것이다. 1999년 8월에는 부당 내부 거래 및 상호 출자 제한, 재벌의 금융 산업 지배 규제, 변칙 상속 규제 등을 발표했다. 그렇지만 재벌 문제 해결의 핵심인 계열사에 대한 가족의 소유-경영 독점 체제 청산에는 전혀 손대지 않았다. 외려 막대한 양의 공적 자금을 투입해 재벌가를 유지시켰다.

"비정규직의 눈물을 닦아주겠다"며 등장한 노무현 정부는 김대중 정부의 노선을 큰 변화 없이 이어받았다. 재벌의 지배 구조는 변하지 않았고 법적인 개입도 없었다. 외려 노무현 정부는 2003년 2월 "자유롭고 공정한 시장 질서 확립"(시장 개혁)을 12대 국정 과제로 선언했고, 재벌 개혁과 신자유주의 반대를 호소했던 시민 사회의 요구는 받아들이지 않았다. 이병천 등은 《세계화 시대 한국 자본주의—진단과 대안》에서 김대중, 노무현 정권을 "1997년 위기와 구조 개편을 통해 만들어진 신자유주의 수동혁명" 정권이라 평가한다. 이들 정부는 영미식 스탠더드를 추종하는 시장 개혁론을 내세우며 개방 = 선善이라는 등식을 적극 실천했고 투기 자본인지 생산적 투자 자본인지 따지지 않고 무분별하게 외국 자본을 유입시켰다.

그리고 노무현 정부는 대표적인 재벌인 삼성을 정부 내에 적극적으로 끌어들였다. 변화와 혁신을 강조했던 노무현 정부는 민간 조직의 경험을 배운다는 명목으로 삼성의 조직 관리 방법을 공무원에게 학습시켰다. 정부의 정책 결정에 깊숙이 개입한 결과 삼성은 2005년 기준 5대 재벌 일반 자산의 50.8퍼센트, 자본 총액의 45.9퍼센트, 매출액의 39.5퍼센트, 당기 순이익의 46.2퍼센트를 차지하는 '재벌 중의 재벌'로 성장했다.

이는 정상적인 기업 성장 과정이 아니었다. 2005년 8월 참여연대가 발표한 자료에 따르면, 삼성에 취업하거나 사외이사 등으로 영입된 전직 공무원의 수가 총 101명이다. 이들의 공직 경험을 합치면 행정 공무원만 따져도 최소한 1,000년이 넘는다고 한다. 그리고 이종보의 《민주주의 체제하 '자본의 국가지배'에 관한 연구》에 따르면, 삼성경제연구소는 〈국정과제와 국가운영에 관한 어젠다〉라는 총 400여 쪽에 달하는 분량의 보고서를 노무현 정부 출범 직전 대통령직 인수위원회에 제출했다. 이 보고서가 제안한 2만 달러론, 산업클러스터(집적단지), 동북아 중심 프로젝트 등이 정부 정책으로 받아들여졌다. 특히 노무현 정부는 이 보고서가 제안한 한미 자유무역지대를 급하게 추진해 시민 사회와 격렬하게 충돌했다. 금융 산업을 키워서 승부를 보겠다는 노무현 정부의 전략은 2008년 이후의 세계 경제 상황을 볼 때 위험한 방법이었다. 어쨌거나 한미 자유무역협정FTA 진행 과정에서는 민주주의의 절차마저도 무시되었다.

셋째, 민주화 이후에도 정부는 시민 사회를 파트너로 삼기보다 지배하려 했다. 김영삼 정부는 '작고 강력한 국가', '건강한 가정,

한보 사태
1997년 당시 재계 서열 14위이던 한보그룹이 부도를 내면서 김영삼 대통령 아들인 김현철과의 로비 등을 통해 5조 7천억 원에 달하는 특혜, 불법 대출을 받은 사실이 드러났다. 이 사건으로 33명의 정치인이 소환되고 김현철과 국가정보원 운영차장 등이 구속되었다.

건강한 사회 만들기'를 내세우며 자신의 정치 기반이었던 시민 사회의 동력을 법과 질서의 테두리 속에 묶어두려고 했다. 김영삼 정부는 시민 사회 운동의 힘을 빌려 집권했지만 아래로부터의 변화를 바라지 않았다. 그래서 시민에게 투명하게 정보를 공개하지 않고 과거 정부와 비슷하게 정부 기관이 개입해서 여론을 조작하고 주요한 사회 의제를 결정하려 했다. 김영삼 대통령의 아들인 김현철 씨의 비리가 터져 나온 것도 그즈음이다. 김현철 씨는 국가안전기획부 내에 사조직을 운영하면서 각종 청탁을 받고 이권에 개입하다 건국 이후 최대의 금융 부정 사건이라 불리는 한보 사태에 연루되어 구속되기도 했다.

노무현 정부 역시 지방 분권과 균형 발전을 내세웠지만 여전히 개발주의 전략을 사용했고 기득권과 타협했다. 거점 도시를 만든다며 전국에 뿌려진 사업비는 땅값을 올리고 농어촌 공동체의 붕괴를 가속화했다. 특히 2005년 방사성 폐기물 영구 처리장 설치를 놓고 전북 군산시와 경북 경주시, 영덕군, 포항시에서 동시에 진행된 주민 투표는 관권과 금권으로 얼룩져 민주주의에 대한 기본적인 합의를 파괴했다.

이처럼 한국의 경우 문민정부하에서도 경제적 불평등이 계속 심화되었고, 나라 경제는 초국적 금융 자본과 국내 재벌의 결탁으로 규제 완화와 유연화를 강요받았다. 아울러 이런 초국적 자본과 재벌의 지배 연합에 종속된 성장=축적 시스템이 만들어졌다. 세계화 시대에는 국내의 질서만으로 초국적 자본을 통제할 수 없고, 오히려 초국적 자본이 국내 정치에 막강한 영향력을 행사한다. 이병천은 한국의 신자유주의가 노사정위원회와 복지 증대책 등 표준적 신자유주의와는 다소 다른 정책 요소가 있었지만 '민주주의와 시장 경제의 병행 발전' 패러다임과 영미식 기업-금융 구조 개혁론의 상호 일관성이라는 점에서 동일하다고 본다. 미국 패권주의와 월 가의 룰이면서 주주 가치 극대화와 글로벌 경쟁 규범을 선도하는 국제 금융 자본과, 이들과 파트너십을 맺고 주주 이익을 극대화하려는 재벌 간의 자본 연합은 '주식회사 대한민국'을 만들었다.

이런 경제의 변화는 공유해야 할 자원을 사유화한다는 점에서 공공성의 기반을 무너뜨린다. 신자유주의로 대표되는 세계 경제의 흐름은 공적인 문제들을 사적인 문제로 전환하면서 사적인 삶의 자율성을 잠식한다. 공적인 간섭이 사라지면 사생활의 자유가 늘어날 것 같지만 실제로는 권력이 아니라 화폐라는 또 다른 힘의 규율을 받는 존재로 전락하게 되는 것이다.

사회학자 지그문트 바우만Zygmunt Bauman은《액체근대》에서 "공적 공간에서 더욱더 공적 현안들이 사라져가고 있다. 이제 그것은 과거에 행하던 역할, 즉 개인의 고민과 공공의 현안들에 대해 만나서 의논하는 장소가 되어주지 못한다. 개인화의 압력에 처한 개인은 점진적이면서도 지속적으로 시민 의식이라는 보호 장비를 빼앗기고 시민으로서의 숙련된 기술과 관심을 박탈당하고 있다. 그 속에서 법률상 개인이 실제적인 개인의 위상(진정한 자기 결정에 필수적인 자원들을 지배하는 개인)으로 변화할 전망은 더욱 요원한 것이 된 듯하다"고 한탄한다. 공공성을 단지 정치나 정책의 문제로 제한하면 이런 경향을 바로잡을 수 없다.

시민불복종

민주 정부가 들어섰지만 시장의 자유가 일방적으로 확대되는 사회에서 시민들은 어떤 선택을 내려야 할까? 시민 사회의 힘을 강화하려면 때로는 국가나 시장이 만든 규칙에서 벗어날 수 있어야 한다. 그 규칙의 부당함을 주장하고 여론을 만들어야 하는데, 이때 필요한 개념이 시민불복종civil disobedience이다. 오현철의 《시민불복종》에 따르면, "시민불복종은 공개성, 공공성, 의도성, 비폭력성, 위법성, 불가피성의 요건을 만족시켜야" 한다. 악이 너무나 분명하게 모습을 드러낸다면 공공을 위한다는 뚜렷한 목적을 가지고 의도적으로 법을 어기는 시민불복종은 법과 질서를 뛰어넘을 수 있다. 그러면서도 시민불복종은 법적인 처벌을 '기꺼이' 감수한다.

지금은 시민불복종이 실정법의 차원에서 논의되고 있지만 시민불복종이야말로 공공성의 관점에서 평가받아야 한다. 헨리 데

이비드 소로Henry David Thoreau의 글 제목처럼 '시민 정부에 대한 저항Resistance to Civil Government'도 가능해야 한다. 소로는 "우리는 먼저 인간이어야 하고, 그다음에 국민이어야 한다고 나는 생각한다. 법에 대한 존경심보다는 먼저 정의에 대한 존경심을 기르는 것이 바람직하다"고 주장했다. 시민불복종이야말로 소수자의 관점에서 공공성의 문제를 가장 뜨거운 이슈로 만들고 시민들의 관심을 유도하는 활동이다.

2001년 7월, 장애인들이 '장애인도 버스를 타고 싶다'라는 현수막을 내걸고 버스에 몸을 묶은 채 전경과 몸싸움을 벌였다. "지하철을 이용하는 시민들이 30분 늦는 것을 이유로 우리의 선로 점거가 비난받아야 한다면 감수하겠습니다. 그러나 30년 넘도록 집 밖으로 나오지 못하는 장애인의 현실에 대해 우리 사회는 함께 책임을 져야 합니다"라고 외치며 지하철 선로에 몸을 누이고 쇠사슬을 감았다. 그러나 이동권이 생존권이라는 장애인들의 처절한 목소리는 직원과 경찰의 손에 가로막혔고, 장애인들은 재판정에 서야 했다. 검사는 장애인들의 주장이 정당해도 그 방법이 정당하지 못했고 시민들의 출퇴근을 방해하고 공공시설에 피해를 입혔다며 징역형을 구형했다. 판사 역시 전동차 운행을 방해했다며 유죄 판결을 내렸다.

이 싸움으로 대중교통에 장애인 시설이 의무적으로 설치되었다. 이 시설은 장애인뿐 아니라 노약자도 애용한다. 장애인들의

"장애인도 버스를 타고 싶다!" ©전국장애인차별철폐연대
2001년 1월 22일 오이도역에서 장애인용 리프트를 이용하던 장애인이 사망한 사건을 계기로 장애인의 대중교통 이용 권리에 대한 주장이 제기되기 시작했다

"우리는 먼저 인간이어야 하고, 그다음에 국민이어야 한다고 나는 생각한다. 법에 대한 존경심보다는 먼저 정의에 대한 존경심을 기르는 것이 바람직하다."

—헨리 데이비드 소로

시민불복종이 결과적으로 우리 사회의 공공성을 강화한 셈이다. 공공성을 실현하려는 시민불복종과 직접행동은 언제나 중요한 시민 활동이다.

공공성과 개발의 정치

한국의 시민들은 독재자를 후하게 평가하는 편이다. 이런 사회 분위기 탓인지 쿠데타를 일으키고 부정 축재를 일삼은 전두환, 노태우 같은 이들이 외국의 독재자들처럼 망명하지 않고 국내에서 온갖 혜택을 누리며 잘살고 있다. 또한 역대 대통령 중 가장 지지도가 높은 사람은 박정희다. 쿠데타를 일으켰고 헌법을 뜯어고쳐 종신 대통령을 꿈꿨으며 긴급 조치를 남발하고 민주주의를 탄압했던 인물임에도 왜 한국 시민들은 박정희를 높이 평가할까?

여러 이유가 있겠지만 가장 많이 얘기하는 건 박정희 대통령이 경부고속도로와 같은 공공시설을 만들고 보릿고개를 극복하며 경제 발전을 이끌었다는 점이다. 그렇지만 1978년에 미국 민주당 하원의원 도널드 프레이저Donald M. Fraser가 제출한 보고서를 보면, 박정희 정부는 준비 없이 화폐를 개혁하고 경제 개발 계획을 추진하려다 많은 실패를 반복했다. 이 보고서에 따르면, 한국이 보릿고개를 극복한 건 박정희 정부가 아니라 정책과 자원을 지원한 케네디 정부 덕분이었다. 프레이저 보고서가 미국의 입장에서 작성되었다는 점을 고려하더라도(프레이저 보고서는 1976년 박정희 정부가 미국의 정치인과 공무원을 매수하려 했던 '코리아게이트' 사건 때문에 만들어졌다) 보고서에 나온 여러 정황들을 무시하기는 어렵다.

설령 박정희 정부의 주도하에 경제가 성장했다손 치더라도 그 성과를 누가 가져갔는가? 산업역군이라 추켜세워졌지만 실제로는 공돌이, 공순이로 불리던 노동자들은 그 혜택을 나눠 갖지 못했다. 저임금을 위한 저곡가 정책과 급속한 도시화로 고통 받던 농민들도 마찬가지였다. 김종필을 비롯한 정치인들의 부정부패가 끊이지 않았고, 정경 유착은 재벌가들의 재산만 불려주었다.

그뿐 아니다. 민주주의의 관점에서도 문제 삼을 수밖에 없다. 그 발전에는 민주적인 정당성이 없기 때문이다. 미국의 사상가 세일라 벤하비브Seyla Benhabib는 민주 사회들이 직면한 공공선public goods, 특히 정당성 · 경제적 복지 · 집합적 정체성의 확보라는 문제에서 정당성이 가장 의미 있는 것이라고 본다. 왜냐하면 경제적 복지의 달성과 권위주의적인 정치적 지배가 양립할 수 있는 것처럼, 반反민주주의적인 체제도 민주적인 체제보다 집합적 정체성을 성공적으로 보장할 수 있기 때문이다. 우리가 민주주의를 부정하지 않는다면 어떤 정책의 결과보다 그것이 구성되는 과정을 중요하게 여겨야 한다. 공공성은 그런 과정의 의미가 드러날 때에만 민주적인 정당성을 가질 수 있다.

민주적인 공공성의 관점에서 보면 박정희의 문제점이 분명하게 드러난다. 사이토 준이치가 공공성의 두 가지 측면이라 얘기했던 '민주적 정통성'과 '민주적 통제' 모두에서 박정희 정부는 불합격이다. 시민들을 중요한 정책 결정 과정에 참여시키지 않았을 뿐 아니라 '막걸리 보안법'에서 보듯 일상적인 자기표현조차 금지하고 시민들을 체포하여 두려움에 떨게 만들었다. 박정희 정부의 심각한 부패는 이미 드러난 사실이고, 한일 협상 때는 정권의 이익을 위해 나라의 역사와 정통성을 팔아넘기기도 했다. 이처럼 시민의 민주적인 통제가 사실상 불가능했기 때문에 시민 사회 운동은 '혁명'의 길을 밟을 수밖에 없었다.

무엇을 먹는지도 중요하지만 어떻게 먹을 것인가도 중요하다. 박정희 정부는 심각한 문제를 안고 있는 정부였다. 이념의 잣대가 아니라 공공성의 잣대로서도 말이다.

3장

공공성에 대한 비판적 접근

공공성의 훼손이 한국에서만 일어난 현상은 아니다. 시민 사회가 국가나 기업의 힘에 눌려서 자기 성찰과 비판의 성격을 잃고 내부 식민지로 변했다는 비판은 서구 사회에서도 제기되었다. 그리고 공공성이 시민의 참여를 강조하지만 남성, 백인, 중산층과 같은 특정한 성과 인종, 계층만을 대변하고 그들의 문화와 규범을 표준으로 만들어 사회적 약자를 배제하고 차이를 드러낼 방법을 억압한다는 비판도 제기되었다.

홍세화의《나는 빠리의 택시운전사》를 통해 한국 사회에 좋은 사회의 표본처럼 자리 잡은 프랑스도 식민지를 만든 제국주의 국가였다. 프랑스의 식민 지배를 받은 알제리는 심각한 상처를 입었고, 식민화된 감성과 이성은 알제리인의 존엄을 파괴했다. 한국도 이런 처지와 같은데, 이런 삶을 고려하지 않고 공공성을 논하기는 어렵다. 이 장에서는 공공성에 대한 이런 비판적인 접근들을 다룬다.

1

비판적 공개성의 상실

공공성과 더불어 자주 사용되는 말이 공론장public sphere이다. 공론장이라는 단어를 주요한 정치 개념으로 만든 이는 한나 아렌트지만 이를 널리 쓰이게 한 이는 하버마스다. 1장에서 잠시 살폈듯이 하버마스는《공론장의 구조변동》에서 서구 사회에서 부르주아 공론장이 어떻게 등장했는지를 분석했다. 공론장은 공공성이 관청이나 행정의 영역으로 분리되는 것을 감시하고 비판하며 공공성을 재구성하려 했다. 근대 사회에서는 커피하우스, 살롱, 학회 등이 새로운 공론장 역할을 맡았다. 그리고 이 공론장에서는 새로운 소식을 신속하게 전달하는 신문이 중요했으며, 당시 신문을 읽던 교양 있는 부르주아들은 자신을 공권력의 영향을 받는 사람이자 동시에 그것에 대항하는 사람으로 인식했다.

장 위베르, 〈철학자들의 만찬〉. 볼테르, 디드로 등 계몽사상가들이 카페 프로코프에서 커피를 마시며 토론을 나누고 있다

부르주아 공론장의 등장

이들 부르주아에게 공공성은 공개성publicity을 뜻했고 이는 여론public opinion과 밀접한 연관성을 가졌다. 근대적인 "공공성의 주제는 고대와 비교할 때 공동으로 행위하는 시민층의 본래 정치적 과제(대내적으로 판결과 대외적으로 국가 보존)로부터 오히려 공적으로 논의하는 사회의 시민적 과제(상품 교환의 보장)로 이전되었다". 자본주의가 발전하면서 부르주아는 자신들에게 유리한 사회 질서를 만들기 위해 정부 활동에 적극적으로 개입했고 이는 정부의 역할도 변화시켰다. 이런 개입과 변화는 중세 시대를 거치며 좁아졌던 공공성을 논의할 수 있는 시민의 범위를 다시 넓혔고, 여론이 정책 결정 과정을 감시하고 공개하며 투명해지게 만들었다.

다른 한편으로, 부르주아 사회가 구성되면서 가계家計, oikos의 틀에 갇혀 있던 활동들이 공공성의 장으로 넘어왔다. 대가족이 핵가족으로 바뀌면서 거실이나 마당이 사적인 공간으로 변하는 한편(하버마스의 표현을 빌리면 "사생활의 역사적 출현"), 반대로 핵가족이 이웃과 관계를 맺고 사귀던 사적인 활동은 공적 영역으로 넘어갔다(편지 왕래와 독서, 일기도 계몽의 중요한 수단으로 쓰였다). 특히 도서관, 극장, 박물관, 연주회 등의 문화에 관해 개인들이 모여 토론하는 문예적 공론장은 정치적 공론의 공간인 커피하우스나 살롱과 긴밀한 관계를 맺으며 "여론을 통해 국가와 사회의 욕구를 매개"했다. 그러면서 공론장은 교양을 갖춘 사람들이 이성과 합리성, 법에 의한 지배를 주장하며 여론의 힘을 모아 공권력에 대항하는 장이 되었다. 이 과정에서 공공성 논의에 참여할 수 있는 시민의 수도 늘어났다.

공론장의 변질

하버마스는 공개성과 이성에 바탕을 둔 공론장의 활동을 긍정적으로 평가하기는 했지만 부르주아 공론장을 비판하기도 했다. 근대 사회에서 때로는 중세 시대와 비슷한 공공성의 형태가 부활하기도 했는데, 행정을 장악한 관료들과 시장을 장악한 기업들이 근대의 봉건 영주로 군림하며 시민들에게 자신들의 위력을 과시했다. 즉 기업과 관료들의 연출과 홍보 활동은 근대적인 공개성을 악용해서 다시 중세와 비슷한 과시적 공공성으로, 즉 "그 속에서 비판이 전개되는 것이 아니라 공중 앞에서 위신이 전개되는 궁정"으로, "이해 당사자의 비밀 정책의 힘"이 작용하는 장으로 만들어버렸다.

그리고 앞서 지적했듯이 근대의 강력한 관료제는 자신들에게 대항하는 시민 사회의 힘을 쉽게 무

1631년 창간된 프랑스의 첫 신문 〈가제트 La Gazette〉는 정부 기관지인 양 왕권 옹호에 일조하면서 권력의 시녀로 전락했다

N.° 103.

GAZETTE DE FRANCE,

Du Mardi 26 Décembre 1786.

De Pétersbourg, le 17 Novembre 1786.

LA navigation est interrompue par les glaces; plusieurs Bâtimens chargés de suif & de marchandises des manufactures Angloises, se trouvent pris dans la Newa, dont la navigation n'a été ouverte cette année que pendant 187 jours.

D'Upsal, le 20 Novembre 1786.

LE ROI & le Prince Royal continuent à séjourner dans cette ville, & à fréquenter les Cours académiques.

Hier, il y eut Cour chez le Roi; à cette occasion, le Baron de Juel, Envoyé extraordinaire de Danemarck, remit à Sa Majesté l'Ordre de l'Éléphant pour le Prince Royal, qui en fut décoré sur le champ.

De Madrid, le 7 Décembre 1786.

LA Princesse des Asturies, que son indisposition avoit empêché d'accompagner le Roi à son départ de l'Escurial, est revenue hier ici; elle n'a éprouvé aucune incommodité de ce voyage, & elle continue de se trouver beaucoup mieux.

Ce matin, Sa Majesté a assisté à la cérémonie des Chevaliers de l'Ordre de Charles III, qui a eu lieu dans la Chapelle du palais en la manière accoutumée.

ON apprend de Valladolid, que l'Académie royale de Géographie & d'Histoire établie en cette ville, a tenu, le jour de la fête du Roi, sa séance publique d'usage. Le Marquis de Gallegos, Directeur, l'ouvrit par un Discours, qui fut suivi d'une Dissertation par D. Benoît Verdesotto, sur la cause du peu de découvertes que l'on fait en mathématiques, dans un temps où les secours sont si abondans. D. Manuel Lopez termina la séance par une Dissertation sur les funestes conséquences que l'ignorance de ce qui fait la véritable félicité des peuples, & les erreurs en matière de législation, produisent dans le Gouvernement politique & économique des Nations.

De Vienne, le 8 Décembre 1786.

L'ARCHIDUC FERDINAND & l'Archiduchesse son épouse, après avoir assisté le 3 de ce mois, à la fête de l'Ordre de la Toison d'or, sont partis le 4 avec toute leur suite pour retourner à Milan.

Le même jour, la Cour a pris un deuil de 8 jours pour la mort de la Princesse Amélie, tante du Roi d'Angleterre.

L'Empereur a fait présent à la Princesse Élisabeth de Wirtemberg, le jour de sa fête, de plusieurs parures garnies en diamans. Le même jour, il lui a remis l'Ordre de Sainte-Catherine, que l'Impératrice de Russie avoit envoyé pour cette Princesse.

Des lettres de Roveredo en Tyrol, en date du 10 Novembre, portent qu'après des pluies & des neiges abondantes qui ont duré 7 jours, il y a eu une inondation qui a causé beaucoup de dommages. Le ruisseau Lano grossit tellement qu'il détruisit les édifices voisins. Les travaux des moulins & des teintures furent suspendus, & on évalue la perte à 200,000 florins.

On a formé le projet de rétablir les anciennes salines près de la ville de Schelan. Les États Autrichiens ont du sel en abondance; on y consomme par an 1,172,000 quintaux de sel gemme, 1,363,480 de sel de soude, & 18,000 de sel marin. L'exportation de cette denrée à l'étranger, consiste en 530,000 quintaux de sel gemme, 601,225 de soude. La Stirie, la Carinthie & la Carniole tirent leur sel de Salzbourg.

De Francfort, le 1 Décembre 1786.

ON apprend de Buckebourg que l[...]

시민들을 나누고 지배하려 드는 것은 관료제만이 아니다. 자본주의에서 기업들은 막대한 광고비를 지출하며 소비자의 소비를 유도하는 것을 넘어 소비 욕구 자체를 조작하고 낭비를 부추긴다.

력화했다. 관료제는 자신만의 합리성과 효율성을 고집하면서 시민의 참여를 가로막고 자신들의 기준과 방식을 시민들에게 강요했다.

제임스 스콧의 《국가처럼 보기》에 따르면, 국가처럼 보는 사람들의 눈에 "가치 있는 식물은 '농작물'이 되고, 그 농작물과 경쟁하는 종은 '잡초'로 낙인찍힌다. 그리고 농작물에 기생하는 벌레는 '해충'으로 낙인찍힌다. 또 가치 있는 나무는 '목재'가 되는 반면, 이와 경쟁하는 종은 '잡목'이 되거나 '덤불'쯤으로 여겨진다. 이와 동일한 논리는 동물의 경우에도 적용된다. 높은 가격이 매겨진 동물은 '사냥감'이나 '가축'이 되지만 그것과 경쟁하는, 혹은 그것들을 먹이로 삼는 동물은 '약탈자'나 '야생 동물'쯤으로 간주된다". 인간 사회도 이와 똑같다. 인간은 사회에 가치 있는 인재와 쓸모없는 잉여로, 때로는 사회를 좀먹는 암적인 존재로 나뉜다. 왜 그렇게 나뉘어야 하는지, 그 기준이 무엇인지 알지도 못한 채 우리는 끊임없이 분류되면서 가치 있는 존재로 살아남기 위해 경쟁한다.

이렇게 시민들을 나누고 지배하려 드는 것은 관료제만이 아니다. 자본주의에서 기업들은 막대한 광고비를 지출하며 소비자의 소비를 유도하는 것을 넘어 소비 욕구 자체를 조작하고 낭비를 부추긴다. 게다가 소비자들은 자신이 일상적으로 사용하는 상품들이 어떤 재료로 만들어졌는지, 어떤 생산 과정을 밟았는지를 제대로 알 수 없다. 지적 재산권이나 특허라는 이유로 투명하게 공개되어야 할 정보들조차 제대로 공개되지 않는 상황에서는 여론이 원활히 형성되기 어렵다.

하버마스는 이처럼 국가 행정과 시장을 움직이는 주요한 힘인 권력과 화폐가 시민 사회를 지배하는 현상을 우려했다. 그래서 하버마스는 공론장 개념을 체계system와 생활 세계life world라는 두 차원으로 구분하고 사회 이론과 합리성 이론을 결합해 시민 사회 이론의 토대를 마련하려 했다. 즉 시장과 행정이 체계의 두 축으로서 목적 합리성을 추구한다면, 생활 세계는 체계의 기반으로서 시민들 간의 소통 합리성을 추구하며 상호 주관성의 실현을 목적으로 삼는다.

그런데 하버마스는 행정이나 시장만이 아니라 대중 매체의 발달 또한 공론장의 소통을 방해하고 공개성을 과시적 공공성으로 변질시킬 수 있다고 우려했다. 감각적이면서 우리의 의식에 쉽게 침투하는 라디오, 영화, 텔레비전 같은 대중 매체의 발달과 사회를 무조건 긍정하는 허위의식을 만들고 판매하는 문화 산업의 성장은 공론장을 점점 변질시킨다. 하버마스는《공론장의 구조변동》에서 대중 매체가 "공중을 시청자로서 자신의 궤도로 끌어당기는 동시에 공중으로부터 '성숙'의 거리, 즉 말하고 반론할 수 있는 기회를 박탈한다……대중 매체에 의해 만들어진 세계는 표면상으로만 공론장"이라고 주장했다. 결국 "공중은 비공공적으로 논의하는 소수 전문가들과 공공적으로 수용하는 소비 대중으로 분열된다". 대중 매체와 문화 산업은 시민을 소비자로, 함께 모여 비판적으로 논의하는 과정을 성가신 것으로 만든다. 그냥 느끼고 즐겨보라고 유혹하는 소비 산업은 비판 의식을 방해한다.

한국에서도 이런 대중 매체와 문화 산업은 시민의 이성과 감성을 조작하는 중요한 매개였다. 대표적인 사례가 전두환 정권이다. 전두환 정권 시절의 '9시 뉴스'는 땡 하고 시작할 때마다 "전두환 대통령은……"이라는 뉴스로 시작해서 '땡전뉴스'라 불렸다. 공영 방송이 노골적으로 현 정권의 편을 들자 시민들이 KBS 수신료 납부 거부 운동을 벌이기도 했다. 땡전뉴스와 더불어 전두환 정부를 장식했던 수식어는 '3S정책'이다. 3S는 섹스Sex, 스포츠Sports, 영화Screen의 앞 글자를 딴 것으로, 당시 정부는 시민의 관심을 정치에서 다른 곳으로 돌리기 위해 노골적인 성적 표현을 허용하고 프로 야구와 프로 축구를 창단했으며 1986년 아시안게임과 1988년 올림픽을 유치했다. 또한 사회 비판적인 영화를 금지하고 여성의 성을 상품화한 영화들을 상영하도록 했다. 이러한 문화 정책은 다양성을 표방하는 듯 보였지만 실제로는 박정희 사살 이후 끓어오르던 민주주의를 향한 마음을 다른 곳으로 돌리고 독재 정부의 통치에 순응하게 만들려는 장치였다.

이런 문화적인 흐름만이 아니라 강력한 이익 집단이 활성화되고 정당 체계가 변질되는 것도 공론장을 훼손한다. 이제 "정치적

생활 세계의 내부 식민지화
본디 생활 세계에서 생겨났으나 그 자체로 힘이 강해진 국가와 시장이 관료제와 화폐의 힘으로 생활 세계를 지배하는 현상을 가리킨다. 하버마스는 이런 행정과 시장을 체계라 부르는데, 이렇게 지나치게 강해진 체계의 힘을 다시 통제하기 위해 공론장이 중요하다고 주장했다.

으로 중요한 권력 행사와 권력 균형의 과정은 사적 관리 조직, 이익 단체, 정당, 공공 행정 사이에서 직접 이루어진다. 공중 그 자체는 간헐적으로, 그리고 차후에 동의의 목적으로만 이 권력의 순환 과정에 포함"된다. 결국 "비판적 공개성은 조작적 공개성에 의해 밀려난다". 시간이 흐를수록 대의 민주주의는 시민을 정치적 지지나 동원의 대상으로 만들고 소수의 정치인이나 대표에게 더 많은 정보와 자원을 집중시킨다.

생활 세계의 내부 식민지화

이렇게 근대 사회의 발전 과정에서 체계의 힘이 확장되고 생활 세계를 침범해 '생활 세계의 내부 식민지화the inner colonization of life world'라는 왜곡된 현상이 나타나는데, 하버마스는 이를 막을 여러 가지 방안을 구상했다. 그중 시민 사회의 강화가 가장 중요하다. 여론이 그 힘을 잃어가고 있기 때문에, 권위주의 국가가 아닌 후기 자본주의 국가, 복지 국가에서 나타나는 생활 세계의 내부 식민화를 막을 방법은 시민 사회 자체를 강화하는 것, 시민들의 소통을 활성화하고 그 밀도를 강화하는 것이었다. 하버마스는《사실성과 타당성》에서 의사소통의 밀도나 조직의 복합성과 범위에 따라 "술집이나 커피하우스나 거리에서의 우연적인 공론장에서부터, 극장에서의 상연, 학부모 모임, 록 콘서트, 파티모임, 정당 집회 또는 교회의 교무 회의 같은 기획된 임시적인 공론장을 거쳐, 전 세계적 규모로 분산되어 있는 개별 독자, 청중, 시청자들로 구성되고 대중 매체를 통해 설립되는 추상적인 공론장에 이르기까지 다양한 수준의 공론장이 있다"고 주장한다. 그리고 이런 "공론장의 의사소통 구조는 사회 문제의 압력에 반응하고 영향력 있는 의견을 자극하는, 광범위하게 엮여 있는 센서들의 네트워크"로 움직여야 한다. 이렇게 시민 사회가 자율적으로 활성화되어야 체계의 잘못된 영향력을 극복할 수 있다고 하버마스는 믿었다.

그렇지만 이런 시민 사회의 활성화는 말처럼 쉬운 일이 아니다. 한국처럼 시민들이 모이는 활동 자체나 집회 및 시위의 자유, 결사의 자유, 표현의 자유를 억압하는 사회에서는 하버마스가 말한 공론장이 만들어지기 어렵다. 남북한이 대치하는 상황에서 사회를 무겁게 억누르는 반공 이데올로기 또한 정부에 대한 반대를 친북이나 종북으로 몰면서 비판적 공개성을 거부하고 억누른다.

2

공공성에 관한 편견에 대한 비판

공공성은 공개적으로 논의하는 과정을 중시한다. 한국에서도 공공성과 관련해 심도 있는 토의deliberation를 강조한다. 그런데 미국의 정치철학자 아이리스 영Iris M. Young은 하버마스의 심도 있는 토의 민주주의와는 다른 소통 민주주의를 주장한다. 현대의 정치경제가 활발한 토론의 조건을 만들어주고 있음은 분명하지만 토론에서의 불평등은 단지 정치·경제적인 것에서만 나타나지 않는다. 무엇을 말하고 말하지 말아야 하는가라는 말하기 방식에서도 불평등이 존재한다. 영은 페미니즘의 관점에서 공공성에 관한 논의를, 특히 하버마스의 입장을 비판한다.

첫째, 심도 있는 토의를 강조하는 모델은 서구 근대의 특수한 맥락, 즉 과학 논쟁, 근대 의회, 법정(이들은 각각 고대 그리스와 로마의 철학과 정치, 중세의 아카데미에 그 기원이 있다)에 바탕을 둔다. 이러한 기구들은 남성이나 백인과 같은 엘리트적이고 배타적인 상층 계급의 제도를 반영했다. 즉 이런 곳에서 강조되는 토의의

1808년 런던의 중앙 형사 재판소(올드 베일리)

규범들은 특별한 소수의 문화이고 종종 특정한 사람의 발언을 침묵시키거나 평가 절하하는 힘이 되기도 한다.

둘째, 심도 있는 토의는 공식적이고 보편적인 발언을 중시할 뿐 발언의 여러 방식을 똑같이 존중하지 않는다. 많은 사람들이 교실이나 법정 같은 곳에서 말을 더듬거나 핵심을 정확하게 얘기하지 못하는 것을 부끄럽게 여긴다. 그리고 달변의 사람들이 부드럽게 대화를 주도하는 건 당연하게 받아들인다. 이래서는 비판적인 공론公論이 제대로 구성되기 어렵다. 공개적인 장에서 말해본 경험이 적은 사람들이 자기 얘기를 충분히 할 수 있도록 들어주는 문화가 필요하다.

셋째, 심도 있는 토의의 규범들은 손이나 몸을 쓰지 않는 냉정한 발언에 더 무게를 둔다. 따라서 분노나 고통 같은 감정을 드러내는 주장이나 발언은 제대로 된 평가를 받지 못한다. 더구나 손이나 몸을 쓰며 말하는 것은 논리가 부족하거나 산만하다고 여긴다. 그렇지만 누구나 자신에게 익숙한 방식으로 말할 수 있어야 한다.

영은 소통 민주주의를 발전시키기 위한 방법으로 다음의 세 가지를 제안한다. 첫째, 상대방을 친절하게 맞이하기Greeting. 이것은 매우 바람직한 소통의 방식으로 상대방에게 신뢰와 존중감을

준다. 말로 맞이하는 것만이 아니라 미소를 짓고 악수하고 껴안고 음식과 음료수를 주고받는 등 말 없는 행동으로도 표현될 수 있다. 둘째는 수사rhetoric로, 듣는 사람의 입장을 고려해서 말하는 것이다. 서로 소통하기 위해 감정적인 부분에 호소하고 설득한다. 셋째, 자기 이야기하기Storytelling는 쉽게 공유될 수 없는 특정한 개인이나 집단의 경험을 드러내고, 개인의 관점에서 전체를 생각하는 것이다. 이런 방식은 민주적 공공성에서 매우 중요하다. 영은 이런 방법이 활용되어야 서로 소통하고 참여하는 민주적 공공성이 확립될 수 있다고 주장한다.

한국 사회에는 어떤 대상을 앞에 두고 일방적으로 이야기하고 설득하는 것을 토론이라고 생각하는 경향이 있는 만큼 영의 이야기가 매우 중요하다. 설득과 토의는 방식과 목적이 완전히 다른데, 우리 사회에서는 그 경계가 모호하다. 그러면서 책걸상이 가지런히 놓인 곳에서의 대화만을 토의라고 생각하고 감정을 드러내는 것을 비합리적이라고 여긴다. 여성, 장애인, 소수자를 공공연하게 비하하는 문화는 그들의 발언에도 적용된다. 결국 한국 사회는 합리적인 토론을 강조하면서도 자신과 입장이 다른 사람이 말을 꺼내면 비난하거나 트집을 잡아 말을 막고 의견에 대한 비판을 사람에 대한 비판으로 받아들이곤 한다. 이런 문화가 있는 곳에서는 토의가 불가능하다. 영은 이런 문화가 바뀌어야 민주적으로 공공성이 구성될 수 있다고 주장했다.

심도 있는 토의를 주장하는 대부분의 사람들은 토의를 할 때 갈등을 드러내는 장으로서의 기능보다 합의를 하는 것 자체에 목적을 둔다. 합의를 전제한 상태에서 얘기를 꺼내면 도저히 합의를 받아들일 수 없는 사람들은 배제된다.

미국 정치학자 린 샌더스Lynn M. Sanders는 영과 비슷하게 서로를 존중하는 토론이 이루어지려면 전제가 필요하다고 본다. 우리가 사는 현실에는 성·인종·계급에 따라 발언권을 차별받는 사람들이 있는데, 모두가 참여할 수 있고 누구나 말할 수 있다고 얘기하는 것은 마치 그런 차별이 없는 것처럼 보이게 한다. 샌더스는 그동안 토의 과정에서 배제되었던 사람들을 먼저 토론의 장으로 끌어들여야 한다고 주장한다. 이런 배제의 문제를 먼저 해결해야 진정한 토의도 가능하다.

그렇지만 심도 있는 토의 민주주의를 주장하는 사람들은 이 문제를 중요하게 여기지 않는다. 특히 엘리트주의자들은 토의를 지지하지만 대중의 폭언이나 야유, 울부짖음을 거부한다. 특정한 방식으로 말해야만 토론에 응할 수 있다는 것이다. 그리고 심도 있는 토의를 주장하는 대부분의 사람들은 토의를 할 때 갈등을 드러내는 장으로서의 기능보다 합의를 하는 것 자체에 목적을 둔다. 합의를 전제한 상태에서 얘기를 꺼내면 도저히 합의를 받아들일 수 없는 사람들은 배제된다. 예를 들어 어떤 지역을 개발할 때 대화의 목적이 합의를 유도하고 철거를 하는 것이라면, 철거를 절대로 받아들일 수 없는 주민들은 이 대화를 거부할 수밖에 없다. 하지만 대화를 거부하면 대화를 하지 않는다는 비난을 받게 된다. 특히 샌더스는 미국 민주주의를 찬양했던 알렉시 드 토크빌Alexis de Tocqueville이 미국을 대표하는 제도로 평가한 배심

한국 사회는 하나의 제도를 쉽고 빠르게 도입하지만 그 제도가 활성화될 수 있는 문화를 받아들이는 데는 인색하다. 국민 참여 재판이나 시민 배심원 제도가 민주적인 공공성을 보장하려면 참여와 더불어 다양한 자기 고백과 소수의 관점을 소통할 수 있는 문화가 반드시 필요하다.

원 제도에서도 성이나 인종, 경제력이 배심원장 선출에 많은 영향을 미친다고 비판한다.

샌더스도 토의 자체를 거부하지는 않는다. 다만 토의가 가능하려면 소수의 관점을 가진 사람들을 배제하지 않는다는 전제가 필요하다고 보는 것이다. 이를 위해 토의를 시작하기 전에 먼저 고백testimony이 필요하다고 주장한다. 한 개인의 자기 고백만이 아니라 한 집단의 고백은 구성원들이 공유하는 감정을 드러내게 하면서 서로의 이야기를 듣게 만든다. 샌더스는 이런 고백을 보장하는 것이 합의를 불안하게 만들지만 새로운 시각을 고려하도록 만든다고 본다.

단순히 시민의 참여를 보장한다고 발표하는 것이 민주적인 공공성을 보장하지는 않는다. 제도가 있음에도 실제로 참여하지 못하는 사람들이 어떤 이유로 참여하지 못하는지를 꼼꼼하게 살펴야 민주적인 공공성이 보장될 수 있다. 한국 사회는 하나의 제도를 쉽고 빠르게 도입하지만 그 제도가 활성화될 수 있는 문화를 받아들이는 데는 인색하다. 배제의 문제를 먼저 해결하고 고백을 보장해야 민주적인 토의가 가능하다는 샌더스의 지적은 그런 점에서 큰 의미를 가진다. 한국에도 국민 참여 재판이나 시민 배심원 제도가 도입되고 있지만 이런 제도들이 민주적인 공공성을 보장하려면 참여와 더불어 다양한 자기 고백과 소수의 관점을 소통할 수 있는 문화가 반드시 필요하다.

3

노동 계급의 공공성은 불가능한가

하버마스는 부르주아의 활동에서 공론장과 공공성 개념이 출현했다고 봤는데, 이런 시각 자체가 계급적인 편향이라고 지적하는 의견들도 있다. 그중에서 가장 본질적인 비판은 오스카 네트Oskar Negt와 알렉산더 크루게Alexander Kluge의 비판이다. 네트와 크루게는《공론장과 경험》에서 부르주아 공론장의 이론적 시초를 칸트Immanuel Kant에서 찾는다. 칸트는 공론장을 "사회의 법률적인 틀의 원리이자 계몽의 도구"로 여겼고 "혁명적인 부르주아의 정치가 자신을 표현할 수 있는 유일한 매개"라고 보았다. 네트와 크루게는 '이성만이 권위를 가진다'는 주장이 데카르트René Descartes 이후 부르주아 정치사상의 기본적인 입장이고 부르주아 공론장은 기본적으로 사적인 개인을 행위자로 삼았다고 지적한다. 이성이 강조되면서 육체의 가치가 떨어졌고 노동보다는 지식과 교양이 개인의 가치를 증명하게 되었다. 그렇지만 육체와 노동 없이 근대 사회와 자본주의가 발전할 수 있었을까? 그리고 당시 사회에서 사생활을 보장받으며 살아갈 수 있었던 사람은 과연 누구일까?

이런 물음을 던지면서 네트와 크루게는 하버마스가 주장한 부르주아 공론장이 현실이 아니라 추상적인 원리에 바탕을 둘 수밖에 없었다고 주장한다. 부르주아는 사적인 개인으로서의 삶을 더 중요하게 여겼기에 공적인 것에 관심을 두지 않았고, 더구나 사적 소유를 고집했기 때문에 공통의 것을 만들 수 없었다. 즉 부르주아들은 입으로는 보편성을 주장했지만 실제로는 특수한 자기 이해관계에 묶여 있었다. 부르주아들이 주장한 보편성은 경제 영역에서 상품 생산을 확대하기 위해 필요했을 뿐이었다. 따라서 네트와 크루게가 보기에 부르주아 공론장이 주장하는 보편성의 원리는 경제의 원리만을 반영하고 현실의 모순(공과 사를 엄격하게 구분하며 사적인 이해관계를 추구하는 것!)을 은폐하기 위한 것일 뿐이었다.

이렇게 부르주아 공론장이 사적이고 배타적인 이해관계에서 벗어나지 못했다고 평가하지만 그렇다고 해서 네트와 크루게가 공론장 자체를 부르주아의 전유물로 비판하며 폐기하는 것은 아니다. 오히려 그들은 "공론장 개념이 생산 과정에 뿌리내려 있"다고 보고 '생활 맥락context of living'과 '경험의 지평horizon of experience'에서 공론장이 재구성될 가능성을 긍정한다. 가령 사회 구성원의 대다수를 이루는 노동자들은 노동이라는 공통된 생활 기반

마야콥스키의 연극 〈미스테리야 부프〉(1918) 중에서 프롤레타리아 일곱 쌍을 표현한 포스터. 이 작품에서 '불순한 이들'로 형상화된 프롤레타리아는 자신들의 공간을 전 세계로 확장해간다

을 가지고 있기 때문에 저마다의 이해관계로 구분되는 부르주아 공론장보다 더 큰 보편성을 가진다. 노동자들의 공론장은 몸과 머리를 함께 쓰고 물건을 생산하는 과정에서 의견을 나누며 일터의 공론장을 만든다.

구해근은 《한국노동 계급의 형성》에서 "한국 노동자들의 높은 투쟁력과 정치의식의 궁극적인 원천이 공장 내의 비인간적이고 전제적인 작업 관계"라고 지적한다. 그리고 "1970년대 간헐적으로 폭발한 노동자들의 저항은 공장 내에서 경제적인 조건을 개선하기 위한 합리적 노력이라기보다는 자신들의 경험에 대한 문화적 반응에서 발생한 것이라고 볼 수 있다. 그들이 가장 절실하게 요구했던 것은 임금 인상이나 작업 환경의 개선보다도 인간적인 대우와 사회적 정의였다. 이러한 점에서 우리는 한국의 노동자와 초기 유럽의 노동자들 사이에 일종의 유사성을 발견할

수 있다. 두 경우 모두 정의에 대한 도덕적 감정이 프롤레타리아트 경험에 대한 노동자들의 반응을 규정짓는 데 결정적인 역할을 했다"고 평가한다. 이런 견해를 받아들인다면 네트와 크루게가 말하는 노동자의 공론장, 더 보편적인 공공성을 주장하는 '생산의 공론장public spheres of production'이 한국에도 존재했다고 볼 수 있다.

물론 합법적인 노동조합마저도 쉽게 만들지 못하고, 어렵게 노동조합을 결성해도 끊임없이 탄압에 시달려야 하는 한국의 현실은 과연 생산 현장이 소통과 공유의 공간일 수 있는가라는 의문을 계속 던지게 만든다. 부르주아 공론장은 생산 현장의 소통과 맥락을 은폐할 뿐 아니라 생산 과정에 기초한 공론장의 출현을 막으려 한다. 그럼에도 네트와 크루게는 노동 운동의 대두와 함께 '생산의 공론장'이 출현하리라 기대하며 생산의 공론장이 부르주아 공론장과 관계를 맺을 것이라 전망했다. 그러나 프롤레타리아의 이해관계는 근본적으로 부르주아 공론장에서 실현 불가능하기에, 두 공론장이 변증법적 지양 과정을 거쳐 대안 공론장인 '프롤레타리아 공론장proletarian public sphere'을 출현시킬 것이라고 주장한다. 한국에서도 프롤레타리아 공론장이 과연 출현할 수 있을지는 아직 의문이지만 어쨌든 생산의 공론장과 부르주아 공론장이 서로 충돌하며 새로운 공론장을 만들 가능성은 충분히 존재한다.

안토니오 네그리Antonio Negri와 마이클 하트Michael Hardt는 《다중》에서 눈에 보이는 상품을 만들지 않지만 잉여 가치를 생산하는 노동, 즉 교육과 서비스 등의 정보를 다루는 비물질 노동이 이러한 공론장을 출현시킬 가능성이 높다고 역설했다. "비물질 노동은 오직 공동으로 수행될 수 있을 뿐이며, 점점 새롭고 독립적인 협력 네트워크들(비물질 노동은 이것들을 통해 생산한다)을 창안"하기 때문이다.

또한 네그리와 하트는 공론장의 하나로 간주되는 여론에 대해서는 다음과 같이 평한다. 비물질 노동이 지배 문화 속에서 대안을 만들어내고 "경제적 가치들을 생산할 뿐만 아니라 주체성도 생산"하므로 "여론은 저항에서 태어나는 이러한 대안적인 표현 네트워크들을 표현하기에 적실한 용어가 아니"라고 말이다. 즉 여론이라는 용어는 다양한 권력이 서로 힘을 발휘하는 갈등의 장으로서의 대안 공론장의 성격을 드러내지 못한다. 그러므로 이미 만들어진 공론장의 규칙을 무조건 따르기보다 다양한 주체들이 힘을 발휘할 규칙을 스스로 만들어가는 노력이 필요하다.

사이토 준이치는 《민주적 공공성》에서 아렌트의 말을 빌려 공공성이란 "자유를 위한 (어느 누구도 '행위할 권리', '의견을 피력할 권리'를 박탈당하지 않을 정치적인 자유를 위한) 장소"라고 얘기한다. "그것은 이용 가치가 있는 자, 소유할 수 있는 자의 공간이 아니다. 그것은 공통의 척도로 측정할 수 없는 자, 공약 불가능한 자의 공간이다. 한 사람 한 사람의 삶은 다른 것으로 환원할 수 없는 '독특한' 것"이다. 그런 독특함을 드러낼 수 있는 장이 공공의 장소이기에, 시민들은 그런 장소를 지켜야 한다. 현실의 지배 규칙이 그런 차이와 다양성을 억압한다면, 공공성을 지키려는 노력은 그런 억압에 적극적으로 대항해야 한다.

한국에서는 노동조합이 마치 노동자의 특수한 이해관계를 보장하기 위한 조직인 것처럼 공격을 받고 있다('귀족 노조'라는 표현이 대표적이다). 하지만 사회의 대다수가 노동을 하는 사람들이라는 점을 고려하면 노동하는 사람들(농민, 노동자 등)의 이해관계가 소수 자본가들의 이해관계보다 훨씬 더 보편적이다. 마찬가지로 그들이 생산 현장에서 소통하고 공유하는 내용과 규범 역시 자본가들의 내용이나 규범보다 훨씬 더 보편적이다. 이 단순한 사실을 무시하고서는 공공성을 논의하기가 어렵다.

서구 사회에서 공공성에 대한 비판은 공공성을 포기하자는 것이 아니라 공공성을 민주적으로 재구성해야 한다는 요구이다. 자신의 색깔을 드러내며 고유함과 독특성을 실현할 수 있는 공공성, 행정 기관이나 기업이 일방적으로 규정하는 것이 아닌 공공성, 비판적인 여론을 형성할 수 있는 공공성, 특별한 계층의 전유물이 아닌 공공성, 금기를 넘어서 새롭고 끈끈한 소통이 발현될 수 있는 공공성이 요구되고 있다.

4

탈식민주의—서구 공공성에 대한 반발

공공성에 관한 논의들은 각기 다른 사람들이 공존하는 사회에서도 합의를 가능케 할 기본적인 공감이 존재한다고 가정한다. 하버마스도 시민들이 공유하는 기본적인 인식을 통해 소통 합리성이 실현될 수 있다고 보았다.

그러나 우리가 세상을 아무리 합리적으로 이해하려 노력해도 기본적인 인식이 다를 수밖에 없는 경우도 있다. 프랑스령 마르티니크 섬 태생의 사상가로 탈식민지 운동, 민권 운동 등에 큰 영향을 미친 프란츠 파농Frantz O. Fanon은 식민지에서는 그런 기초적인 인식마저도 근본적으로 왜곡된다고 지적한다. 예를 들어, 식민지에 사는 지배층과 피지배층의 인식은 근본적으로 다르다. 지배층은 식민지의 원주민이나 흑인들을 자신과 동등한 인간으로 여기지 않았다. 어떤 인식을 하기 이전에 원주민이나 흑인들의 생각은 비합리적인 것으로 전제된다. 파농은《검은 피부, 하얀 가면》에서 이 세계를 이해하기 위해 백인의 합리성이 아니라 흑인의 불합

파농

알제리
아프리카 대륙 지중해 연안에 있는 국가로 1830년에 프랑스의 식민지가 되었다. 1954년 알제리 민족해방전선FLN이 결성되어 무장투쟁을 벌였으나 프랑스의 탄압을 받아 실패했고, 1962년 9월이 되어서야 알제리 인민민주공화국을 선포했다.

리성을 택해야 했다고 이야기한다. "그 방법이 익히 낯익은 무기가 아니어서 좀 께름칙하긴 했다. 그러나 마음은 편했다. 나는 비합리성으로 똘똘 뭉친 인간이기 때문이다. 나는 물이 목까지 차는 비합리라는 여울을 건너고 있다." 현실의 비합리성과 싸우기 위해 합리성보다 비합리성을 택하겠다, 이 말은 무슨 뜻일까?

파농이 이런 생각을 하게 된 배경에는 조국 알제리의 뿌리 깊은 인종주의, 식민주의가 있다. 식민지 사람들이 서로 소통하고 합의하며 공공성을 확립하는 것이 어려운 것은 자기 자신에 대한 인식 자체가, 서로 소통 가능한 기초적인 인식이 왜곡되어 있기 때문이다. 이를 묘사한 대표적인 구절을 보자.

> 검둥이는 짐승이고, 검둥이는 사악하고, 검둥이는 비열하고, 검둥이는 추하다. 저기 검둥이 좀 봐. 춥지. 검둥이가 떨고 있지. 검둥이가 떨고 있는 것은 춥기 때문이다. 아이가 떨고 있는 것은 검둥이가 무섭기 때문이고. 검둥이는 추위 때문에 떨고 있는 것이다. 뼈 마디마디를 관통해 가는 추위 때문에 말이다. 그 잘생긴 꼬마도 떨고 있었다. 그것은 그 아이가 검둥이가 떨고 있는 것이 분노 때문이라고 생각했기 때문이다. 그 순간 그 아이는 엄마 품 속으로 파고들었다. 엄마, 저 검둥이가 날 잡아먹으려 해요.

추위에 몸을 떠는 흑인을 보며 백인 아이가 느끼는 두려움은 인식론적인 것이 아니라 정치적이고 문화적인 것이다. 이런 느낌과 인식은 서로 소통하기 위해 다가서는 것을 봉쇄한다. 이런 상황이라면 사실 서로 같은 세계에 살고 있다고 말하기조차 어렵다.

《대지의 저주받은 사람들》에서 파농이 펼친 논의에 따르면, 식민주의는 단순히 폭력을 많이 사용하는 좀 더 가혹한 형태의 지배가 아니다. 같은 인간이지만 서로를 동등한 존재로 바라보지 못하게 만드는 근원적 폭력, 그것이 식민주의다. 식민지의 사람들은 제국주의가 만든 특정한 '인간형'에 적응할 때에만 인간으로서 대우를 받고, 그런 대우를 받는 식민지인은 자신과 같은 식민지인을 똑같은 인간으로 바라보지 않는다. 식민지의 피지배층은 시민 자격에서 소외될 뿐 아니라 인간으로서도 소외된다. 따라서 식민주의는 식민지 사람들이 이중의 소외를 겪고 자아를 잃어버리게 만든다. "식민지 민중이 단지 남의 지배를 받는 민중이 아니라는 점을 분명히 명심해야 한다. 독일 점령기의 프랑스 국민은 인간이었고 프랑스 점령기의 독일 국민도 인간이었다"는 파농의 말은 그런 상처를 건드린다.

파농이 경험한 알제리 사회와 마찬가지로 일제 식민 통치와 군사 독재도 우리의 심성과 생활을 크게 변화시켰다. 일정한 직업이나 주소가 없다고 해서 체포되어 징역을 살고, 인구 조사, 위생 검열이라는 명목으로 수시로 집을 수색당하거나 폭행을 당하고,

불령선인
불령선인은 '멋대로 행동하는 조선인'이라는 뜻의 일본어 후테이센진ふていせんじん에서 온 말이다. 일본인들이 일제의 식민 통치에 저항하는 조선인들을 주로 이렇게 불렀는데, 1919년 3·1운동 이후 많이 사용되었다.

밭에 뭘 심고 어떻게 수확할 것인지까지 일상생활을 하나하나 감시당하면서 자기 검열을 해야 하는 사람들은 비판적 공중을 구성하기는커녕 인간다운 삶을 살지도 못했다. 일제는 내선일체를 내세우고 황국신민皇國臣民을 모두 동등하다고 얘기했지만, 조선인은 신민인 동시에 불령선인不逞鮮人이기도 했기에 매로 다스려 인간으로 '만들어져야' 하는 존재였다. 이런 폭력이 일상화된 사회의 피지배층은 강자에게 저항하지 못하고 같은 약자, 자기보다 약한 사람들에게 폭력을 행사한다. 그리고 이런 폭력의 상처는 가해자와 피해자 모두의 인간성에 새겨져 서로 간의 존중과 신뢰를 불가능하게 만든다.

파농이 즐겨 인용하는 프랑스의 시인 에메 세제르Aimé Césaire는 《식민주의에 대한 담론》에서 식민주의와 문명 사이에는 깊은 심연이 존재한다고 주장했다. 식민주의는 식민지의 모든 경험, 관행, 법률, 기록들을 야만으로 만들었다. "우리는 식민주의가 식민주의자들을 어떻게 탈문명화시켰고, 피폐하게 했으며 동시에 비인간화했는지를 고민해보아야 한다. 동시에 우리는 드러내야만 한다. 베트남에서 그리고 프랑스에서 누군가의 머리가 잘리거나 누군가의 눈알이 뽑혀 나올 때, 사람들은 한 사실을 인정했음을. 어떤 한 소녀가 강간을 당할 때마다 프랑스인들은 한 사실을 인정할 수밖에 없었음을. 어떤 한 마다가스카르인이 고문을 당할 때마다, 프랑스인들은 다시 한 사실을 인정할 수밖에 없었음을. 문명이란 다른 누군가의 육체를 필요로 한다는 사실을. 그리고 전 지구적으로 보편의 퇴행이 일어나고 있다는 사실을." 문명은 식민지인에 대한 강간, 고문, 살인을 교정과 교화라는 이름으로 정당화했고, 이런 경험을 한 식민지 사람들은 폭력을 정당한 것으로 받아들이며 자기 자신의 근본적인 결함으로 내면화한다. 식민지의 주민으로 태어났다는 사실 자체가 나의 결함이 된다.

세제르는 결국 이런 심연이 문명의 밑천을 드러내게 만들었다고, 즉 유럽이 파시즘에 휩싸이게 된 원인이었다고 주장했다. 식민주의는 서구 문명이 스스로 타락하는 과정이었다는 것이다. "내가 말하고자 하는 바? 이것이다. 그 어떤 식민주의도 면죄부를 부여받을 수 없다는 것이다. 식민주의를 감행한 국가, 그 식민주의를 정당화한 문명—그러므로 그 문명은 이미 무력하다—은 이미 도덕적으로 타락한 병든 문명이라는 것이다. 이런 문명은 꼬리에 꼬리를 무는 문제를 발생시키며 끝도 없는 오리발을 필요로 한다. 그러고는 마침내 히틀러를 불러들이게 된다. 일종의 벌과로서 말이다." 다른 존재를 도구로 바라보는 관점은 결국 자기 자신도 도구로 바라보게 만든다. 타자에 대한 폭력과 지배를 정당화하는 도덕은 자기 내부의 폭력과 지배도 묵인하게 만든다.

마찬가지로 유럽이 만든 공공성이라는 개념도 이런 도구화와 폭력에서 자유로울 수 없다. 세제르는 "유럽은 비겁하게도 자신

1949년 1월 20일 트루먼 대통령 취임사

"우리는 우리의 과학적 진보와 산업 발전의 혜택이 저개발 지역의 향상과 성장에 쓰일 수 있게 하는 과감하고 새로운 프로그램에 착수해야 합니다. 세계 인구의 절반 이상이 비참에 가까운 여건 속에서 살고 있습니다. 그들의 식량은 충분하지 못합니다. 그들은 질병의 희생자들입니다. 그들의 경제적 생활은 원시적이고 정체되어 있습니다. 그들의 빈곤은 그들과 보다 번창하는 지역 모두에게 하나의 장애이고 위협입니다."

이 행한 식민 사업의 정당성을 식민지 치하의 특정 영역에서 이룩한 가시적인 물질적 성과를 동원해 후험적으로 방어해왔다"고 얘기한다. 우리 식으로 적용하면 일본이 철도와 도로를 건설하며 한국을 근대화했다는 주장이다. 폭력과 억압이 있었어도 그것이 대규모 공공사업을 가능하게 했다면 정당화된다는 식민지 근대화론은 식민주의의 또 다른 논리이다.

유럽이나 일본이 계몽과 개화를 외치며 식민지 국가들에 개입하지 않았다면 어떤 일이 벌어졌을지는 역사의 가정이지만, 스스로 발전할 가능성이 충분히 있었을 테고 그 발전은 자신에게 상처를 만드는 방식이 아니었을 것이다. 대부분의 식민지 국가들이 해방된 이후에도 어려움을 겪는 것은 식민지 본국을 따라가는 전략이나 자신의 전통을 지키려는 전략이 모두 실패하는 데서 비롯된다. 지배국을 따라가는 것은 불가능하고 식민지에 전통으로 남아 있는 것은 대부분 허약하거나 왜곡된 것들이기 때문이다.

이런 모순은 '지금도 진행 중인 식민주의'인 경제를 살펴보면 더 분명하게 드러난다. 구스타보 에스테바Gustavo Esteva는 《반反자본 발전사전》에서 "저발전은 1949년 1월 20일에 시작되었다. 그날 세계 20억 인구는 저발전인이 되었다. 까놓고 말해서 그때부터 사람들은 온갖 다양성을 잃어버리고 남들의 현실로 자기를 비추는 뒤집힌 거울로 일그러졌다"고 적었다. 미국의 제33대 대통령 트루먼이 미국 사회를 기준으로 삼아 발전과 저발전을 나누고 미국이 인류의 발전을 책임지겠다고 나선 그 순간 '미국과는 다른 사회'에 살던 사람들은 덜떨어진 존재가 되어버렸다. 하나의 선언으로 전 세계는 선진국과 후진국으로 나뉘었다. 제3세계는 정치적으로는 독립국이 되었지만 경제적으로는 후진국이 되었다.

사실 아시아나 아프리카, 남미 등지의 기아와 빈곤은 개발이 아니라 자본주의의 문제다. 선진국은 후진국의 자원을 약탈하고 그 나라의 경제 구조를 자신에게 유리하게 바꿔놓았다. 사람들이 먹을 것을 기르던 조그만 땅들을 빼앗아 파인애플이나 코코넛, 사탕수수를 재배하는 대농장으로 바꾸고 농민을 임금 노동자로 만들었다. 이들의 살림살이는 점점 더 초국적 자본과 국가에 의존하게 되었다. 그런데 이런 의존이 선진화와 세계화라는 이름으로 정당해지고, 나아가 선진국이 무조건 적응하고 따라잡아야 하는 절대적인 기준이 된다. 우리 스스로 세계화 과정에서 뒤처지는 사람들을 패배자나 잉여로 낙인찍는다. 이는 앞서 지적한 식민주의의 영향과 동일하다.

문화적인 면도 마찬가지이다. 파농이 지적하는 R 발음에 대한 알제리인의 강박은 흥미롭게도 영어 발음에 대한 한국인의 강박과 똑같다. 파농은《검은 피부, 하얀 가면》에서 이렇게 말한다. "프랑스로 향하는 흑인들에겐 오명의 신화가 하나 있다. 'R' 자를 들이마시는 앙틸레스 촌닭이라는 신화가 그것이다. 그들은 그 신

우리 스스로 새로운 삶을 기획해야 민주적이고 대안적인 공공성이 구성될 수 있다. 식민지를 경험한 곳에서 공공성은 외부에서 주어진 척도일 수 없고 철저히 내부에서 아래로부터 구성되는 기획이어야 한다.

화를 벗기 위해 안간힘을 쓸 것이다. 그들은 그 실상을 예민하게 포착하여 그것과의 전쟁을 수행할 것이다. 따라서 'R' 발음을 굴리는 연습을 부단히 할 것이다. 그러나 그것이 지나쳐 그 발음을 과장하기까지 할 것이다. 끔찍할 정도로 게으른 기관인 자신의 혀를 의심스럽게 만드는 과장된 발음, 그것을 듣고 있을 옆사람의 가벼운 반감에도 아랑곳하지 않고 그들은 스스로를 자신들만의 빈 방에 가둘 것이다. 그리고 몇 시간이고 큰 소리로 그 'R' 발음을 굴릴 것이다. 발음을 제대로 배워야 한다는 그 절체절명의 과제 때문에 말이다." 한국 역시 미국식 영어를 하기 위해 혀 수술을 하고 영어 교육에 엄청난 사회 자원을 쏟아붓는다. 이것은 단지 외국어 능력의 문제가 아니라 우리 심성 깊이 뿌리내린, 지금도 사라지지 않은 식민주의의 문제다.

《반자본 발전사전》에서 볼프강 작스Wolfgang Sachs는 우리에게 너무나 익숙한 말, 그리고 긍정적으로 받아들여온 말들이 실제로는 세뇌당한 이데올로기였다고 주장한다. 발전, 환경, 평등, 도움, 시장, 요구, 참여, 계획, 인구, 생산, 진보, 자원, 과학, 사회주의, 생활 수준, 국가, 기술 등 뭔가 더 나은 세계를 만들기 위한 디딤돌이라 '배워온' 말들이 실제로는 우리 삶을 지배해온 언어들이다. 더구나 우리가 지금 당장 이런 말들의 의미를 바로잡고 새로운 언어를 찾지 않는다면 미래 세대는 이런 성찰의 기회마저 갖기 어렵다. 그러나 지금 누리는 생활 수준을, 또는 앞으로 누리려는 생활 수준을 포기할 수 없기에 마음은 더욱 불편해진다. 우리 스스로 새로운 삶을 기획해야 민주적이고 대안적인 공공성이 구성될 수 있다. 식민지를 경험한 곳에서 공공성은 외부에서 주어진 척도일 수 없고 철저히 내부에서 아래로부터 구성되는 기획이어야 한다.

파농이 식민주의를 극복하기 위해 찾은 방법은 서구가 강요했던 계몽의 빛이 아니라 아래로부터의 역량이었다. 지도자를 만들거나 그를 추종하는 것보다 민중이 스스로 자신의 삶을 향상할 기회를 만들어야 한다. 이를 위해서는 교육이란 지도자나 정치인이 "이따금 대중에게 기다란 정치적 장광설을 늘어놓는 것이라는 어리석은 생각"에서 벗어나야 한다. 파농은 이를 에메 세제르의 표현을 빌려 "영혼을 창조하는 것"이라 불렀다. 정치 교육은 연설을 하거나 일방적으로 교육하는 게 아니라 대중 스스로 자신의 영혼을 창조하도록 하는 것이다. 이를 통해 "조물주 같은 존재는 없고, 어떤 영웅이 나타나 모든 일의 책임을 대신 져주지도 않는다"는 사실을 자각하는 것이다. 이런 아래로부터의 힘이 조직되어야 식민주의에서 벗어날 수 있다고 파농은 믿었다. 이를 위해서는 우리 자신과 아래로부터의 역량에 대한 솔직한 인정과 동의가 필요하다. 그래서 공共을 통한 공통성이 식민지를 경험한 국가의 공공성에서 매우 중요하다.

깊이 읽기

공공성과 민간 위탁

시민이 주도하는 공공성은 어떻게 가능할까? 어렵고 불가능해 보이지만 실제로는 정부가 추진하는 공공 서비스 중 상당수를 민간 기업이 맡아서 한다. 정부가 기획해서 예산을 지원하고 민간 기업이 이를 집행하는 방식이 민간 위탁이라는 이름으로 시행되고 있는 것이다.

용어 사전에 따르면, 민간 위탁은 국가가 행정 업무를 효율화하기 위해 그 업무를 민간 기업이나 외부 단체 및 개인 등에 위탁한 뒤에 감독하는 것을 말한다. 그리고 '정부조직법'이나 '행정 권한의 위임 및 위탁에 관한 규정'에 따르면, 민간 위탁은 행정 기관의 사무 중 일부를 지방자치단체가 아닌 법인 · 단체 또는 그 기관이나 개인에게 맡겨 그의 명의와 책임 아래 행사하도록 하는 것을 말한다. 최종 관리 책임 및 비용 부담은 정부가 지지만 재화와 서비스의 직접적인 생산 · 공급 기능은 공사 · 공단 · 연구기관 · 협회, 일정한 자격을 가진 법인 · 단체 또는 개인에 맡겨 처리하는 방식이다.

민간 위탁을 하는 가장 주된 이유 중 하나는 공공 기관의 적자가 늘어나고 공공 서비스에 대한 시민들의 불편과 불만이 쌓인 탓에 공공사업에 기업의 경영 방식을 도입해서 변화를 꾀하려는 것이다. 주로 시민들의 관심과 이용률이 높은 복지관이나 체육 시설 같은 시설 운영을 민간에 위탁하고 있고 최근에는 마을 만들기나 공공 기관 청소 같은 서비스도 민간에 위탁하고 있다.

그런데 이런 민간 위탁을 두고 찬성과 반대 입장이 팽팽하게 대립하고 있다. 비효율적이고 형식적인 공공 업무를 자유롭고 창의적인 민간의 방식으로 활성화할 수 있다는 이유로 민간 위탁을 찬성하는 입장이 있는 반면, 민간 위탁이 공공 업무를 기업에 맡겨 공공성이 영리사업으로 대체되고 공무원을 비정규직화하는 방향으로 이용되고 있다고 비판하는 반대 입장도 있는 것이다. 두 의견은 모두 현실에 근거한 자기 논리를 가지고 있으나, 위탁에 대한 찬반보다 더 중요한 것은 민간에 위탁하는 이유와 그 조건을 투명하게 공개하고 행정 절차가 일방적 의사 결정 대신 공적 논의를 거쳐 이루어져야 한다는 점일 것이다.

현재 민간 위탁의 문제는 위탁이 공론장을 거치지 않고 몇몇 사람들의 손에 의해 결정되거나 최저가를 요구하는 공개 입찰을 통해 결정된다는 점에 있다. 이런 방식으로는 공공성을 실현할 수 없다.

민과 관이 함께 공공성을 살려서 운영하는 대표 사례로 울산 북구청의 학교 급식을 지원하는 친환경 급식 지원 센터를 들 수 있다. 이 센터는 '구청 직영'으로서, 단순히 식재료를 공급하는 것만이 아니라 잔류 농약 검사·유전자 조작 작물GMO 확인·표준 식단 제안·유통 단계 축소·투명한 정보 제공·식습관 교정까지 다양한 기능을 맡고 있다. 그리고 지역의 제철 농산물을 학교 급식으로 제공하고 GMO나 먼 거리를 이동하는 식재료들을 배제한다는 원칙을 점검하고 있다. 가공품의 경우도 품목 제조 보고서를 받아 안전성을 검토한 뒤에 공급한다. 친환경 급식 지원 센터는 직영이기에 영리에 큰 신경을 쓰지 않아도 되고 학교 급식 운동과 관련된 시민 사회의 역량이 투입되었기에 관의 경직성을 넘어 사업을 확장하고 있다.

요즘 활성화되고 있는 마을 만들기 사업처럼 민간의 기획 능력과 경험이 축적된 분야도 민간에서 맡는 것이 효과적일 수 있다. 기본적으로 공공성을 확보하려면 민간 위탁은 업무 효율성이나 수익성보다 시민의 자발성을 유도하는 사업 운영과 공적인 가치를 중심에 두고 선정되어야 한다. 그리고 기본적으로 민과 관이 함께 운영한다는 자세를 가져야 한다. 그리고 경제 분야에서의 공공성을 고려한다면 민간에 위탁되더라도 노동 조건은 공정하게 결정되어야 한다. 정부가 앞장서서 사회적인 노동의 공공성을 보장하고 확립해야 하기에 민간 위탁 시에도 직접 고용을 할 때와 마찬가지로 그 조건을 공정하고 정의롭게 마련해야 한다. 그래야 민간 위탁에 대한 거부감을 줄일 수 있다.

또한 서비스의 생산을 담당하는 곳이 일반 영리 기업이 아니라 사회적 기업이나 협동조합처럼 공공성을 반영하고 민주적으로 운영되는 기관이라면 민간 위탁이 공공성을 파괴한다고 볼 수 없다. 다만 위탁을 받는 곳이 진정 공개적이고 공공적인 조직인지 확인하는 절차를 반드시 거쳐야 한다.

4장

공공성의 재구성

1

공共을 통한 공公의 탈환

일제 식민지 이후 지역 사회의 공공성은 한편에서는 파괴되고 다른 한편에서는 관에 독점당했다. 공공성의 파괴는 한편으로 일제 식민 권력과 군사 독재가 시민들의 함께함을 금지하고 탄압함으로써 사회적인 관계가 자율적으로 형성될 수 있는 장을 붕괴시킨 것이다. 이 붕괴의 과정은 자본주의가 마을의 공유지를 울타리가 있는 사유지로 만들었듯이 공적인 결정을 몇몇 사람들의 권한으로 만들었다. 공설公設, 공안公安, 공권公權, 공직자公職者 같은 말들은 공공성을 시민의 권한이 아닌 관의 권한인 양 인식하게 했다. 그러면서 함께 구성하는 공공성은 점점 사라졌다. 공공성의 독점은 국가 행정이 자신과 대립하는 시민의 자발적인 관계들을 사적인 것으로 만들고 그 관계에 개입하면서 이루어졌다. 해방 이후 대부분의 주요한 사회 자원을 국가가 몰수하고 기업이 소유했는데, 이런 자원을 바탕으로 정부와 기업들은 시민을 다스려왔다.

공유共有, 公有의 주체여야 할 민이 소외된 상황을 극복하려면 홀로 선 주체들이 서로 힘을 모아야 한다. 힘을 모으는 방법은 다양하다. 옛날처럼 계를 조직하거나 단체를 결성할 수도 있고 마을금고처럼 협동조합을 만들 수도 있다. 여러 사람과 단체, 모임이 다양한 자원을 공유하고, 다른 무엇보다도 함께 모여 먹고, 자고, 놀고, 배우며 자주 모임을 가져도 좋다. 이런 함께함〔共有〕이 없다면 함께 누림으로서의 공유公有는 어느 누구도 공통의 것을 소중하게 여기지 않는 '공유지의 비극'을 겪거나 홀로 누리려는 사유私有에 정복당할 수밖에 없다.

일본 '생활클럽 생협'의 활동가 요코다 가쓰미橫田克己는 《어리석은 나라의 부드러우면서도 강한 시민》에서 공공성 개념이 하나로 엮여 있지만 "본래 공公과 공共을 형성하는 조건과 방법은 상이한 것"이라 주장한다. 왜냐하면 "공共 영역은 사람들이 세금을 지불해서 사회를 개혁하는 틀과 자신들이 직접 자신들의 자원을 내서 리스크를 부담하는 가운데 사회를 개혁하는 틀이 함께 작동하는 곳"이기 때문이다. 공과 공을 붙여서 함께 사용하면 "공권력이 운영의 주체가 되는 공公 영역과 공권력에 복종하는 시민적 공 영역의 세계가 당연한 것으로 받아들여질 가능성이 높"고 "시민〔私〕이 운영하고 시민이 만들어내는 공共적인 세계가 지니는 공공성의 의미가 정부와 행정이 만들어내는 공공성의 그늘 뒤로 가려져버리는 것"이라 우려한다. 즉 공公과 공共을 섞어

공公과 공共의 조건과 방법이 서로 다르기 때문에 이 둘의 균형을 잡는 것이 중요하다. 함께함의 힘으로 모든 문제를 해결하고 인격적인 관계로 모든 관계를 대체하자는 것이 아니다. 갈수록 커지는 정부와 기업의 힘을 제어하려면 민의 힘이 강해져야 한다는 의미다.

서 쓰다 보면 공共의 의미가 줄어들기에, 공共의 영역을 강화하려는 운동이 필요하고, 이 운동은 자신의 관점에서 공공성을 재구성해야 한다.

요코다 가쓰미는 자신이 속한 '생활클럽 생협'의 운동이 "공 영역에서 '국가가 만드는 공공성'을 후퇴시키고 '시민이 만드는 공공성'을 확장시키는 것을 목표로 삼는" 시민 자치형 정치라고 정의한다. 이 시민 자치형 정치는 "나(私)와 다른 타자(私)를 수평적으로 연대하고 공생하는 것을 가능하게 만드는 공共 영역을 형성하는 과정 속에서 '공公'을 만든다, 혹은 그러한 공共 영역을 활성화하기 위해 '공公'(공공제도, 공공 정책, 그리고 공권력)을 사용"하는 공화주의 정치이다. 요코다 가쓰미는 공公·공共에 대치되는 사私·공共의 영역을 넓혀서, 정부가 만드는 공공 영역과 시민이 만드는 공공 영역이 힘의 균형을 이루게 하고 동시에 이 두 영역이 만드는 가치가 선순환 관계를 통해 확대 재생산될 수 있는 사회를 지향해야 한다고 강조한다.

요코다 가쓰미의 말처럼 공公과 공共의 조건과 방법이 서로 다르기 때문에 이 둘의 균형을 잡는 것이 중요하다. 함께함의 힘으로 모든 문제를 해결하고 인격적인 관계로 모든 관계를 대체하자는 것이 아니다. 갈수록 커지는 정부와 기업의 힘을 제어하려면 민의 힘이 강해져야 한다는 의미다.

그런데 민의 힘은 그럴듯한 구호를 내세운다고 해서 길러지는 것이 아니다. 오건호는 〈시장권력에 맞서 공공성 연대운동으로〉에서 그동안 한국에서 공공성을 둘러싼 투쟁이 잘 조직되지 못했던 이유로 다음의 세 가지를 꼽는다. 정규직 노동자와 비정규직 노동자의 분리로 사회 공공성 운동을 펼칠 주체들이 분열되었고, 노동조합 내부 민주주의의 문제나 정파 간 갈등으로 노동조합의 역량이 성숙되지 못했으며, 노동조합이 공공 활동에 조합원을 참여시키는 조직 활동을 펼치지 못하고 있다. "산업 구조 조정의 큰 물결이 지나간 상황에서 사회 공공성 활동은 타자에 대한 요구 활동을 넘어서는 사업 계획이 필요"한데, 그런 역량이 모이지 않고 있다는 것이다. 이런 평가는 노동 운동만이 아니라 다른 시민 사회 운동에도 적용될 수 있다.

시민 사회 운동이 힘을 가져야 공공성을 확보하고 확장하는 일이 가능한데, 관료제가 공공성을 독점하는 상황에서는 이런 변화가 어렵다. 그동안 시민 사회 운동이 중앙·지방 정부의 문제점을 지적하며 힘겹게 활동을 이어왔지만 뚜렷한 성과를 거두지 못하는 건 관료제의 공공성 독점을 무너뜨릴 대안을 시민들과 함께 구성하지 못했기 때문이다. 사실 국가가 독점해온 공공성의 영역을 해체하거나 대체하려는 시도도 부족했다.

게다가 민주화 이후 기업의 영향력이 커지면서 주요한 공공 영역이 사유화되고 있는 현실에서 시민이 국가와 시장에 대항할 수 있는 사회의 밑천을 모으고 시민 사회를 강화하는 노력이 절실히 필요하다. 그러한 노력은 관료주의 방식이 아니라 아래로부터의 변화를 추구하는 '풀뿌리' 전략을 통해 이루어져야 하지만, 동시에 관료제의 특성을 파악하고 적절히 대처하려는 노력도 필요하다. 관료제의 특성상, 일단 정책이 입안되고 집행되기 시작하면 그것을 막을 방법을 찾기가 쉽지 않다. 따라서 용역 보고서로 시작되는 정책의 입안 과정에 관심을 두고 그 단계에서부터 시민들이 참여해야 하며 겉으로 드러난 단기적인 사업만이 아니라 중·장기적인 계획·투융자 심사에도 관심을 기울여야 한다. 공공성을 지키고 확대하려면 정부와 기업을 감시하고 비판할 뿐 아니라 그런 체계의 힘에 포섭되지 않는 자율적인 영역들을 하나씩 확보해야 한다. 그 구체적인 방법은 다음 절의 '공공성을 위한 장소'에서 살펴볼 것이다.

그런데 세계화 시대의 공공성은 국가의 경계에 갇히지 않는다. 그런 점에서 '지구적으로 생각하고 지역적으로 행동하라'는 말을 뒤집어 '지역적으로 생각하고 지구적으로 행동하라'고 말하는 더글러스 러미스C. Douglas Lummis의 주장을 귀담아들어야 한다. 러미스는《래디컬 민주주의Radical Democracy》에서 개발에 저항하는 전세계 토착민들이 벌목, 댐과 리조트 건설 등을 반대해 벌이는 국제적인 시위에 주목한다. 특이한 점은 국제적인 시위를 벌이면서도 이들은 "얼굴을 맞대는 집단을 형성"했고, 이러한 과정에서 이들의 운동은 "얼굴 없는 대중으로서만 '포함되는' 국가나 정당,

제도가 아니라 자율적으로 서로 연결된 집단들의 네트워크"를 구성했다는 것이다. 이렇게 우연적이고 자율적으로 구성되는 다양한 국제 네트워크들은 공공성을 둘러싼 싸움에서 새로운 기회를 만들 수 있다.

이런 국제적인 운동의 경험들이 쌓이면 국제적인 규범이 만들어질 가능성도 높아진다. 1990년대 중반 이후 국제적으로 확산되고 있는 '인권에 기반한 접근법Human Rights Based Approach, HRBA'을 예로 들 수 있다. 모든 사람이 존엄하게 살 권리를 가졌다는 전제하에 인권에 기반한 접근법은 발전의 전 과정, 즉 발전 정책의 기획·수립·이행·평가·발전 이익의 향유에 있어 발전의 대상이 아닌 주체로 활동할 권리를 요구한다. 실제로 이 요구는 개별 국가의 법률만이 아니라 국제 인권 규범에 근거해서 국가에 의무를 부과할 수도 있다.

이 인권에 기반을 둔 접근법은 참여와 북돋움, 책무성을 중요한 원리로 제시한다. 참여는 실질적이고 능동적이고 자유로워야 하며 그 과정에서 배제되기 쉬운 소수자나 취약 계층의 참여를 정책의 기획·결정·이행·평가·발전 이익을 누리는 전 과정에서 반드시 보장해야 한다. 그리고 참여의 방식도 공청회나 설명회, 토론회뿐 아니라 시위 및 피케팅, 항의 방문 등 사람들이 자신의 요구를 다양한 방식으로 전달할 수 있도록 보장되어야 한다. 아울러 의미 있는 참여를 위해 표현의 자유나 단체 행동권 등

리우 선언
'환경과 개발에 관한 리우 선언'은 1992년 6월 브라질 리우데자네이루에서 열린 유엔 환경개발회의에서 채택되었고 지속 가능한 개발을 위한 27개의 행동 강령을 선언했다. 이 선언에는 150여 개국 대표가 서명했다.

아후스 협약
1998년 덴마크의 아후스에서 제정된 협약으로 주민이 환경 정보를 청구하고 환경 영향 평가에 참여하며 환경법이 이행되지 않을 경우 소송을 할 수 있는 권리 등을 보장하는 협약이다.

의 권리만이 아니라 교육권과 정보 접근권 등도 보장되어야 한다. 북돋움은 개인이나 집단이 서로의 힘을 북돋우면서 자율적으로 선택하고 그 선택을 원하는 방향으로 이끌어가며 존엄성을 증진하는 것이다. 마지막으로 책무성은 개인이나 집단이 스스로 발전의 주체가 되어 자신에게 위임된 권력과 권한을 합당하게 행사하고 그 결과에 책임지는 것을 뜻한다.

국제앰네스티의 아이린 칸Irene Khan 전前 사무총장은《들리지 않는 진실》에서 실제로 1992년 리우 선언 이후, 아후스Aarhus 협약으로 알려진 국제적 합의가 이루어지고 정부 행정과 공공 참여에 대한 내용이 그 안에 포함되었다고 얘기한다. 이 협약에 따르면 특히 정부는 참여자들에게 다음과 같은 다섯 가지 기준을 지켜야 한다.

> 첫째, 정부의 결정 이전에 참여가 이루어져야 한다. 모든 선택 사항들이 효과적으로 개방된 상태에서 공공의 참여가 이루어져야 한다.
>
> 둘째, 중요한 사항들은 정부가 먼저 공지해야 하며 과정과 참여 가능성에 대해서도 알려줘야 한다.
>
> 셋째, 참여자는 청문회나 공청회 등을 통해 의견을 전달하거나 표현할 수 있어야 한다.
>
> 넷째, 정부당국은 의견을 수렴할 의무가 있다. 근거 없이 거부권을 행사할 수 없으며 진지한 검토 없이 전달된 의견을 무시할 수 없다.

또한 정책 결정 시에는 적절한 근거와 이유를 제시할 수 있어야 한다.

다섯째, 법에 의해 공인받은 단체나 독립기관, 혹은 법원에 의한 합법적 승인이 있어야 정책 결정 과정이 마무리된다. 실질적 참여란 이런 것을 요구할 수 있는 권리도 된다.

이런 국제적인 기준에 따라 국내의 변화를 요구하는 전략도 고민해볼 수 있다. 어느 한 가지 방법이 만병통치약으로 작용하지는 못하겠지만, 이런 다양한 공공의 노력이 모인다면 공공성을 약화하려는 세력에 맞서 숨을 돌릴 여지가 생기지 않을까? 이런 시도들에서 가장 기본이 되는 전제는 일단 모여야 한다는 것이다. 기꺼이 내 어깨를 빌려주려는 마음이 있을 때에만 공共의 힘이 강해질 수 있다.

2

공공성을 위한 장소

지그문트 바우만은 신자유주의의 등장 이후 공공성을 실현할 장소가 빠른 속도로 사라지고 있음을 우려했다. 공간의 사유화는 시민을 사적인 개인으로 분리시키고 공론장의 형성 자체를 방해해 시민이 함께 권력을 감시하고 비판할 가능성을 줄인다. 더구나 이미 초국화된 자본은 국경을 넘나들며 공공성의 범위에서 벗어나려 한다. 국가가 공공성을 획일화하고 공간을 다스리려 한다면, 자본은 공공성을 사유화하고 공간을 벗어나려 한다. 앞서 언급했듯이 함께함을 통해 공공성을 재구성하려면 시민이 자신들의 뜻을 원하는 방식으로 실현할 단단한 거점들이 필요하다. 물론 지금의 상황에서 그런 장소를 만드는 일이 쉽지는 않지만 그런 공간空間이 있어야만 그곳을 통해 다양한 시민들이 만나고 서로의 어깨를 빌려줄 수 있다. 비어 있는 자리가 아니라 만날 수 있는 자리로서 공간共間은 공공성에 매우 중요하다.

그러나 역사를 되짚어보면 국가나 자본이 그런 장소를 먼저 권하거나 보장했던 적이 없다. 그런 장소에 목마른 사람들이 자율적으로 공간을 만들었다. 노동조합이 '개방 센터'를 만들어 노동자들이 퇴근한 후 밤까지 모임 장소를 제공하며 물건이나 음식을 팔았다. 이곳에서 노동자, 실업자, 퇴직자들을 위한 토론회나 영화를 보는 모임 등이 운영되었다. 유럽 사회에 다양하게 퍼져 있는 '민중의 집'도 그런 거점 역할을 맡았다. 정경섭이 쓴 《민중의 집》은 유럽에서 만들어진 민중의 집을 이렇게 묘사한다. "협동조합을 통해 당장 높은 물가에 시달리는 노동자의 생계 문제를 해결했을 뿐 아니라 미조직 노동자들을 사회주의 운동과 만나게 하는 주요한 경로"이자 "술과 음식, 놀이와 유흥이 빠지지 않는" 흥겨운 공간, "노동자들이 스스로의 이해관계를 토론하고 전략을 세우고 집단적으로 행동할 수 있는 공간"이다. 이처럼 공공성을 위한 장소의 형태는 사람들의 필요에 따라 다양할 수밖

1904년에 세워진 러시아 민중의 집

에 없다.

다양한 조합들도 그런 장소들을 만드는 역할을 맡았다. 18세기부터 공제조합共濟組合은 질병과 사망에 대비해 노동자들에게 상호 보험을 제공하는 역할을 맡아왔다. 시간이 흐르면서 공제의 범위는 조금씩 넓어졌다. 가령 주택금융공제조합은 자기 노동력을 활용해 비용을 줄이고 공동 주택을 건설하기 위해 공동으로 자금을 모으는 사람들의 조합이었다. 이처럼 공제조합의 범위는 특정한 영역에 한정되지 않고 사람들의 삶에 유연하게 적용되었다. 협동조합도 이런 과정에서 등장했다. 19세기에 협동조합 운동을 이끈 이들은 협동조합이 대중의 물질적 욕구를 충족시킬 뿐 아니라 자주성과 상호부조의 이념을 널리 전파하며 민중을 조직해야 한다고 주장했다. 근대 국가와 자본주의에서 비롯된 여러 사회적인 위기가 협동조합을 성장시켰지만, 오랫동안 복종을 강요당한 민중의 수동적 의식이 협동조합의 지속적인 발전을 저해할 수 있다고 생각됐기 때문이다.

그래서 활동가들은 대중에게 연대의 원칙을 알리고 문맹자들이 주체적인 조합원으로 조합 활동에 참여할 수 있도록 많은 노력을 쏟았다. 김창진의《사회주의와 협동조합운동》에 따르면, 러시아의 협동조합들은 다양한 거점을 마련했다. "문화·계몽 사업 분야에는 도서관, 독서실의 건립, 방과 후 교실, 강의, 간담회, 연극, 음악회, 축제 등의 조직, 인민회관, 문화·계몽센터, 상호부조

조직의 설립 등이 포함되었다. 협동조합이 전개한 비경제 활동의 과제는 단지 협동조합을 선전하는 데만 국한되지 않고 광범위한 의미에서 농촌 주민들을 계몽하고 그들의 도덕 수준을 제고하는 것까지 포함했다. 그중에서도 각별한 의미를 가진 것은 미래 농촌 문화생활의 중심인 인민회관의 건립이었다. 인민회관('인민궁전')의 설립에는 소비조합이나 신용조합뿐 아니라 구베르니야 젬스트보와 심지어 읍 단위 촌회까지 참여했는데, 이는 그 사업이야말로 모든 다른 활동을 위한 기반이자 결실이었기 때문이다."
이런 다양한 활동과 공간 마련을 통해 협동조합은 공론장을 확보하고 공공성을 민주적으로 구성할 토대를 다졌다.

대표적으로 지역의 도서관이 공공성을 실현하는 공간이 될 수 있다. 인류의 지혜를 저장하고 있는 도서관이 공동체의 모든 구성원에게 개방되고 이들이 실제로 그 지혜를 활용한다면 민중의 성장은 불가능한 얘기가 아니다. 더구나 마을 도서관은 단순히 책을 진열하고 열람하는 공간이 아니라 주민들이 직접 관리하고 그 내용을 채우는 자치 공간으로서 역할을 맡고 있다. 실제로 공동체 주민들의 힘으로 도서관을 세우려는 운동이 활발하게 벌어지고 있다.

이렇게 만남의 공간에 들어서는 사람들은 국가나 자본의 지배를 받는 대상이 아니라 자신의 욕구와 열망을 드러내며 삶의 주체가 되었다. 자신의 삶을 살길 원하는 사람들이 친구들과 함께 살아가는 공간이라면 어느 곳이나 공공성을 강화하는 장소가 될 수 있다. 앞서 살펴본 공제조합이나 협동조합, 지역 도서관들이 그런 장소였다. 이들 장소는 위안을 줄 뿐 아니라 실제로 대안적 삶을 살 수 있는 힘도 주었다.

한국의 역사에서도 그런 장소를 발견할 수 있다. 충청남도 예산군에서 활동했던 윤봉길은 스무 살의 나이에 매달, 매철 돈과 곡식을 모아 상을 당하거나 경사가 생겼을 때 서로 도우며 친목을 도모하는 위친계爲親契, 달마다 자신이 직접 번 돈 10전씩을 모아 돼지와 닭을 기르고 유실수를 재배하는 월진회月進會, 건강한 신체에 건강한 정신이 깃든다는 생각을 실천하는 수암체육회 등을 조직했다. 협동조합은 조합원들의 출자금으로 농산품을 매매하고 그 이윤을 부원에게 배당했으며, 농민공생조합은 공동 구입·배급 및 판매를 담당하는 소비부, 창고 및 공장 경영, 위탁 판매를 담당하는 생산부, 농자금을 융통하고 예금 활동을 하는 신용부, 주요 농기구들을 관리하는 이용부, 병원·이발소·목욕탕을 운영하는 위생부로 나누어 운영했다. 이와 더불어 윤봉길은 "뭉쳐야 한다. 그리고 혁신해야 한다. 살길은 단결과 혁신뿐"이라며 마을회관인 부흥원復興院을 세우고 이 건물에 야학당과 구매조합, 각종 회의 공간을 만들었다. "첫째, 증산운동增産運動을 펴야 한다. 둘째, 마을 공동의 구매조합을 만든다. 셋째, 일본 물건을 배척하고 우리 손으로 만든 토산품土産品을 애용한다. 넷째, 부업

1920~30년대에 한국의 지식인들이 만들고자 했던 이상촌은 학교와 협동조합이라는 두 기둥으로 구성되었다. 학교는 민중의 자각을 일깨우며 하나 된 의식을 만드는 기둥이었고, 협동조합은 민중이 살림살이를 이어가며 다른 사회로 전환할 힘을 모으는 기둥이었다.

副業을 장려해야 한다. 다섯째, 생활 개선이다"라는 실천 목표를 제시했던 부흥원은 두레와 품앗이를 권장할 뿐 아니라 민중의 자각을 일깨우는 야학과 독서회 모임을 열었다. 만주로 떠나기 전까지 윤봉길은 지역사회를 조직하는 일에 전념했다. 이런 실험은 한국판 '민중의 집'이었다.

윤봉길이 세운 마을회관인 부흥원 © 매헌윤봉길월진회

또한 1920~1930년대에 한국의 지식인들이 만들고자 했던 이상촌은 학교와 협동조합이라는 두 기둥으로 구성되었다. 학교는 민중의 자각을 일깨우며 하나 된 의식을 만드는 기둥이었고, 협동조합은 민중이 살림살이를 이어가며 다른 사회로 전환할 힘을 모으는 기둥이었다. 오산학교를 이어받아 이찬갑 선생이 주옥로 선생과 함께 충남 홍성군에 세운 풀무학교는 '위대한 평민'이라는 구호를 내걸었다. 풀무학교는 이 정신을 가르치는 기관이었고, 풀무생협은 이 정신을 일상에서 실천하는 기관이었다.

도산 안창호도 산과 강이 있고 토양이 비옥한 지점을 택하여 200호 정도의 집단 부락을 세우려 했다. 이 이상촌에는 "공회당, 여관, 학교, 욕장, 운동장, 우편국, 금융과 협동조합의 업무를 담당하는 기관이 설치될 것"이며, "집단적인 회식과 오락"을 즐길 장소의 마련도 강조했다. 이 부락의 금융 기관에서는 "저금과 융

자의 일을", 협동조합은 "생산품의 공동 판매와 일상생활 용품의 공동구매 배급 기관"을 담당한다. 이상촌에는 일반학교와 직업학교가 만들어져 학교를 졸업하면 소자본과 약간의 연장으로 직업을 갖고 이상촌의 한몫을 담당하도록 했다. 안창호 선생은 무실역행務實力行을 강조했다. "아무리 옳은 것을 알더라도 행함이 없으면 아니하는 것과 다름이 없"다고 여겼으며 앎을 참되게 힘써 행하는 중요한 기관이 학교와 협동조합이었다. 이처럼, 일제총독부의 탄압을 받으면서도 민중의 자발적인 힘을 조직하려는 시도는 끊이지 않았다.

이런 다양한 장소들은 공共의 힘으로 공公을 탈환하는 거점이 되었고, 이 거점은 단지 운동을 조직하기 위한 수단에 머물지 않았다. 그 속에서 삶이 이어졌고 인민들은 자신의 주체성을 회복할 수 있었다. 머리를 조아리고 무릎을 꿇지 않아도 살 수 있고 그렇게 살아갈 수 있다면 공共의 힘은 강해진다. 그렇게 회복된 자신감은 국가나 자본과 맞설 힘을 만들었다.

3

이미 시작된 공공성 투쟁

앞서 살폈듯이 국가나 자본에 공공성을 보장하라고 요구하는 것과 더불어 우리 스스로 공공성을 구성해가는 노력도 필요하다. 특히 세계화라는 조건은 이런 요구와 노력에 새로운 도전과 과제를 부여했다. 가령 한미 FTA가 체결된 상황에서 한국의 시민들은 의료 공공성을 지킬 것을 누구에게 요구해야 할까? 한국 정부? 미국 정부? 세계무역기구WTO? 치료약이 있는데도 약값이 너무 비싸서 치료를 받지 못하는 환자들은 누구에게 호소해야 할까? 물은 있지만 수돗물 이용료가 너무 비싸서 쓸 수 없는 사람들은 어떻게 해야 할까? 대형 기업들이 골목 시장을 야금야금 잠식하는 것을 금지할 권한이 없다면 어떻게 대처해야 할까? 근본적으로 한미 FTA는 한국의 농업에 치명타를 가하고 식량 주권을 위협하는데, 먹을 것이 사라지면 누구에게 호소해야 할까?

그렇지만 지난 몇십 년 동안 전 세계적으로 신자유주의만 확산된 것은 아니다. 그것에 대항하는 시민 사회의 노력도 계속 있어왔다. 마리아 미즈와 베로니카 벤홀트-톰젠은 《자급의 삶은 가능한가》에서 이자 없는 화폐를 자유로이 발행하며 서로 간의 노동을 교환하는 '자유 화폐' 운동, 생산자-소비자 협동조합, 자조 협동조합, 도시와 농촌을 연계하려는 운동 등 다양한 시도들이 "평등하고 다원적이며 풍부한 관계"를 강화해왔다고 주장한다. 특히 점점 사라지는 공유지를 다시 창조하려는 노력을 통해 개인이나 국민-국가의 권리를 다루는 서구적 주권 개념이 다루지 못하는 '공동체 권리', "땅과 언어, 문화를 공동으로 소유하는 것에 기반을 둔 이른바 민중 혹은 공동체 민주주의"가 활성화되고 있다고 평가한다. 이런 운동의 목표는 "무엇보다도, 생계를 위한 기반으로서 구체적인 생태 지역인 삶의 영역과 현실을 담당하고 그에 대해 책임을 느끼는 공동체를 다시 창조하는 것re-create communities"이다. 미즈와 벤홀트-톰젠은 공유지 경제를 되살리는 것이 공적 공간을 지켜내고 다시 만드는 것, 세계화의 물결에 저항하는 지역화와 지방화 · 탈중앙집중화, 기계적인 대중 연대에 저항하는 것으로서의 상호 부조, 위로부터의 정책이 아닌 아래로부터의 정책, 공동체를 실현하는 다중적 방식 그리고 공동체의 다양성을 살리는 과정이어야 한다고 강조한다.

데이비드 맥낼리David McNally도 《글로벌 슬럼프》에서 위기를 주도하는 탈정치화의 경향에 맞서 정치를 되살리고 희망의 기운을 만들 다양한 고리들을 조직하는 것, 그것이 대안이라고 주장

한국 '민중의 집'이 추구하는 공동체의 가치들 © 민중의 집

이자 없는 화폐를 자유로이 발행하며 서로 간의 노동을 교환하는 '자유 화폐' 운동, 생산자-소비자 협동조합, 자조 협동조합, 도시와 농촌을 연계하려는 운동 등 다양한 시도들이 "평등하고 다원적이며 풍부한 관계"를 강화해 왔다. 특히 공유지를 다시 창조하려는 노력을 통해 "민중 혹은 공동체 민주주의"가 활성화되고 있다. 이런 운동의 목표는 생계를 위한 기반으로서 구체적인 생태 지역인 삶의 영역과 현실을 담당하고 그에 대해 책임을 느끼는 공동체를 다시 창조하는 것이다.

존 홀러웨이는 거부하고 창조하는 이 싸움에서 "우리가 주체인 우리를 어떻게 행위자로 표현할 것인가"가 핵심이라고 이야기한다.

한다. 그리고 존 홀러웨이John Holloway는《크랙 캐피탈리즘》에서 걸어가며 행동하는 다양한 운동이 전 세계에서 등장하고 있다고 소개한다. 뭔가 특별한 것은 없지만 자연 파괴에 맞서 정원을 만드는 정원사와 그의 정원 텃밭에서 함께 일하러 가는 미국 자동차 공장 노동자의 이야기에서, 자율적인 자치 공간을 만들고 지키려는 멕시코 원주민들의 이야기에서, 대학 바깥에서 세미나를 조직하는 그리스 대학교수들의 이야기에서, 자본주의에 대항하는 책을 출판하는 스페인 출판업자의 이야기에서, 색다른 학교를 만들기 위해 싸우는 멕시코 교사들의 이야기에서, 남는 시간에 더 나은 사회를 위해 싸우는 호주 콜센터 노동자의 이야기에서, 물의 사유화를 막기 위해 정부군과 싸우는 볼리비아 주민들의 이야기에서, 공장을 점거하는 아르헨티나 노동자의 이야기에서, 자본주의 세계화에 맞서는 독일 은퇴 교사의 이야기에서, 에이즈에 맞서 싸우는 나이로비 공무원 노동자의 이야기에서 자본주의 붕괴와 대안적 삶의 가능성을 찾는다. 존 홀러웨이는 거부하고 창조하는 이 싸움에서 "우리가 주체인 우리를 어떻게 행위자로 표현할 것인가"가 핵심이라고 이야기한다. "즉 대의 제도에 질식되어 자신을 아무것도 할 수 없는 무기력한 존재로 생각하는 것을 중단하는 사람들이 중요하다."

이처럼 전 세계 곳곳에서 이미 공공성을 둘러싼 다양한 투쟁들이 벌어지고 있다. 미국과 유럽의 노동 운동들은 노동조합이 시민 사회 단체와 함께 사업장을 넘어 지역 사회의 변화를 추구하고 대중을 조직하는 사회 운동 노동조합주의를 실험하고 있다. 우리가 공공성을 위한 운동을 시작하려 한다면 그 방법은 추상적인 고민이 아니다. 나아가 단지 사라지는 공공성을 방어하는 데 그치지 않고 적극적으로 자신의 공공성을 구성해야 한다. 공공성은 누가 일방적으로 규정할 수 있는 것이 아니기 때문이다. 시민들이 자신의 세계관을 갖고 그것에 비추어 현실을 해석하며 다양한 이념을 제안하고 행동할 때 드러나는 것이다.

신진욱은 〈공공성과 한국 사회〉라는 글에서 공공적인 것을 분석하는 다섯 가지 분석적 차원과 그에 상응하는 투쟁의 규범적 원칙을 다음과 같은 표로 정리한다.

분석적 지표	규범적 가치
다수 사회 구성원에 대한 영향	책임성과 민주적 통제
만인의 필수 생활 조건	연대와 정의
공동의 관심사	공동체 의식과 참여
만인에게 드러남	개방과 공개성
세대를 넘어서는 영속성	세대 간 연대와 책임

공공성의 분석적 지표와 규범적 가치

이 틀은 유용한데, 다수의 사람들과 연관된 결정에서는 책임성과 민주적 통제가 중요하고, 모두의 생활 조건과 관련된 결정에

코먼웰스commonwealth는 복리福利나 공익公益의 의미로도 사용되는데, 뜻 그대로 공동의 행복을 말한다. 어찌 보면 동양에서 공공성은 public(공중)보다 commonwealth(공익)의 의미에 더 가깝다.

서는 연대와 정의에 입각해 최소한의 삶의 질과 시민권을 보장하고, 공동의 관심사에는 공동체 의식과 참여가 중요하며, 공공적 사안은 개방되고 공개적으로 다뤄져야 하며, 공공적인 공동체가 계속 유지되려면 현 세대를 넘어 다음 세대, 다른 세대와 연대하고 책임을 져야 한다는 것이다. 이를 위해 신진욱은 시민이 공적인 의제에 대한 문화적 헤게모니를 장악해야 하고 공공성을 위해 투쟁하는 사회 세력의 특수한 이익과 공중의 보편적 이익을 구체적인 목표와 행동 강령 속에 화해시켜야 한다고 주장한다. 또한 진보 정당과 적극적으로 동맹하며, 자신의 입장을 설득력 있게 전달할 수 있는 도덕적 언어를 개발해야 한다고 역설한다. 물론 이런 과제를 구체적인 실천 전략으로 만들 방법은 여전히 숙제로 남아 있다.

사실 영어권에서는 republic만이 아니라 commonwealth도 공화국의 의미로 사용된다. 코먼웰스는 복리福利나 공익公益의 의미로도 사용되는데, 뜻 그대로 공동의 행복을 말한다. 어찌 보면 동양에서 공공성은 public(공중)보다 commonwealth(공익)의 의미에 더 가깝다고 볼 수 있다. 공公의 반대말이 사私, private라면, 공共의 반대말은 개個, individual이다.

그런 점에서 인격적 결합체인 공共과 비인격적 결합체인 공公의 장점을 잘 살릴 수 있도록 개인이 서로 연대하고 사유화된 것을 공유로 다시 점유하려는 운동이 중요하다. 그렇다고 이미 이질적인 것으로 변한 공公과 공共을 억지로 통합하자는 것이 아니라 공공의 영역이 잘 순환되는 구조를 만들어나가야 한다. 이런 노력은 실제로 사회 구조를 바꾸는 시도를 하고 공공성의 장소를 만들 때 구체적인 결과를 낳을 수 있다.

마리아 미즈는 경제를 바라보는 관점으로서의 '자급subsistence'과 자본주의 상품 생산이나 상품화 과정을 거부하고, 우리 삶을 돈과 상품의 생산을 통해 구성하는 데 반대한다. 즉 상품의 생산이 아니라 우리 스스로 직접 '삶의 생산'에 참여하기를 제안한다. 또한 미즈에 따르면 현재의 자본주의는, 여성들이 전담하는 가사 노동이 없다면 남성들의 노동이 가능하지 않다는 점에서 지불해야 할 대가를 지불하지 않고 있다. 해방은, 타자(자연, 여성, 아이들)를 고려하지 않고 타자를 희생시키는 자본주의 국가를 파괴함으로써만 가능하다.

미즈는 자급의 관점이 저절로 사라진 게 아니라 의도적인 정책들을 통해 파괴되었다고 주장한다. 제2차 세계대전 이전에는 전 세계 곳곳에 동네 단위로 자급 활동이 활발히 이루어졌고 상호 부조와 호혜의 원리가 작동했다. 작은 텃밭에서 채소나 과일을 기르고 이웃끼리 서로 도와주며 나눠 먹기도 하고 옷도 고쳐서 입었다. 사람들은 상호 부조하고 공생 공락하면서 자신의 삶을 유지했다. 혼자서 할 수 없는 일이라면 공동체의 힘으로 문제를 해결했다. 하지만 자본주의는 성장과 확장을 위해 그런 삶의 기반을 파괴했다. 이런 상황에서 지속 가능한 공동체를 만들려면 세계화를 추진하는 자본주의의 흐름에 맞서 자급의 기반을 새로이 다져야 한다.

우리 시대의 공공성을 새로이 만드는 전략은 과거 로마의 인민들이 시도했던, 로마를 떠나는 시위에서 찾을 수도 있다. 기원전 494년에 귀족의 압제에 저항하던 로마의 인민들은 성산聖山으로 철수하여 새 도시를 만들겠다고 위협했다. 다만 지금은 그렇게 떠나서 갈 수 있는 장소가 도시 바깥에 있지 않다. 그렇다면 국가와 자본주의 내에 다양한 거점들을 만들고 그 거점들로 철수하는 새로운 '철수 투쟁'을 상상할 수 있다. 그리고 그런 철수 투쟁을 통해 우리는 공공성의 재구성을 적극적으로 요구할 수 있을 것이다.

다시 처음으로 돌아가자면, 우리 시대에 공공성은 더욱더 중요한 화두가 되고 있다. 그것은 국가와 시장, 시민 사회의 생각이나 이해관계가 엉키고 충돌하는 지점이 늘어나고, 기후 변화와 먹을거리, 에너지 문제 등 국경을 넘나드는 사안들이 많아지고 있는 우리 삶을 반영한다. 더 이상 혼자 살 수 있는 세상이 아니고, 다가올 파국을 함께 대비해야 하기에 공공성은 점점 더 중요해진다.

그렇지만 공공성 자체가 그런 다양한 사안을 해결하는 모범 답안은 아니다. 공공성은 우리가 같은 세계에 살고 있음을 자각하고 같은 세계 안에서 벌어지는 다양한 사안을 함께 논의하며 민주적으로 풀어가야 한다는 의미를 담고 있다. 민주주의 없이도 공공사업의 진행은 가능하지만 공공의 이익은 민주주의 없이 확보될 수 없다. 우리가 서로의 삶에 관심을 기울이고 서로에 대해 끊임없이 사고해야 하는 건 우리의 자유를 위해, 더 솔직하게는 우리의 삶을 위해서다.

세계화 시대의 공공성

한미 FTA를 체결하는 과정에서 투자자국가소송제도Investor-State Dispute, ISD가 뜨거운 화두로 떠올랐다. 민간 기업이 국가를 상대로 소송과 손해 배상을 제기할 수 있는 이 제도는 실제로 볼리비아와 캐나다, 아르헨티나 등 여러 국가에 많은 배상금을 부과했다. 정부의 정책이 시민들의 참여를 통해 올바른 방향으로 변화되었는데도, 민간 기업에게 피해를 줬다는 이유로 정부가 거액의 배상금을 지불하고 초국적 자본의 배를 불리는 역설이 만들어졌다.

그래서 세계화 시대에 공공성을 둘러싼 투쟁은 국가의 경계에 갇힐 수 없다. 국민의 주권이라는 틀을 넘어서 세계 시민으로 등장할 때 지구적 차원의 공공성이 강화될 수 있다. 지구적인 일을 관장하는 국제기구인 국제연합(유엔)이 있지만 그것이 지구 차원의 정부는 아니며 모든 지구적·공적 문제를 해결해주지 못한다. 그러므로 세계 시민으로서 공共의 힘을 강화하는 것이 중요하며 공의 힘은 국가 내의 문제보다 국제적인 문제에서 더 빛을 발한다.

에이프릴 카터April Carter는 《직접행동》에서 국가의 주권이라는 틀에 갇힌 대의 민주주의로는 자유로이 국경을 넘나드는 초국적 기업들이 제3세계 민중을 착취하고 빈곤을 확대하는 현상을 막을 수 없다고 본다. 초국적 기업을 통제하려면 그에 맞설 초국적 운동이 필요하고, 이런 운동은 제3세계에서 "사건의 영향을 직접 받는 빈곤 계층과 상대적 약자층의 직접행동형 반대 운동"이 결합할 때 힘을 발휘할 수 있다. 카터는 제1세계와 제3세계를 넘나드는 저항의 물결이 넘실거릴 때 신자유주의 세계화를 통제하고 결함을 가진 민주주의의 문제점들이 해결되고 공공성이 강화될 수 있다고 본다.

한국에서도 그런 물결이 조금씩 출렁이고 있다. 팔레스타인에 떨어지는 폭탄을 막으려 이스라엘 대사관 앞에서 벌어지는 시위가, 팔레스타인 농민들이 정성스레 기른 올리브유를 공정한 가격에 구입하고 그곳 사람들과 더불어 살려는 노력이 우리 시대의 공공성을 활성화한다. 월 가의 시위대에게 전해진 희망의 메시지, 한진중공업의 35미터 크레인 꼭대기에서 309일을 버틴 김진숙씨가 전한 "한국의 희망버스는 지금까지 하나의 구호를 외쳤습니다. 그 구호를 월 스트리트의 용기 있는 시민들에게 전합니다. 웃으면서, 끝까지, 함께. 투쟁!" 역시 그런 출렁임이다. 강정 마을을 찾아와 현지의 사정을 외국에 전하는 활동가들, "강정 마을의 평화가 지켜지기를 바랍니다. 제주도는 평화의 섬으로 남아 있어야 합니다"라는 사상가 노엄 촘스키A. Noam Chomsky의 메시지나 직접 제주도를 찾은 올리버 스톤Oliver Stone 감독의 행보 역시 그런 출렁거림이다. 이런 출렁임들은 사회의 공공성을 다시 생각하게 하고 민주적인 공공성을 요구하도록 만든다. 국가라는 '경계에 갇힌 정치의식'에서 벗어나 상상력을 발휘할 수 있게 한다.

그런 출렁임이 모일 수 있는 장소도 있다. 2001년부터 열리고 있는 세계사회포럼WSF은 지구 차원의 공공성을 논의하는 중요한 장이다. 세계사회포럼은 조직위원회가 기획하는 대규모 콘퍼런스와 포럼 참여자들이 자발적으로 구성하는 소규모 세미나 및 워크숍으로 구성되는데, 2001년 제1차 포럼 때부터 참여자들이 '세계사회 운동총회'를 구성하고 '동원을 위한 호소문'을 포럼 마지막 날에 발표한다. 그리고 '세계사회 운동네트워크'가 자발적으로 조직되고 있다.

지구적인 공론장인 세계사회포럼이 다루는 주제는 매번 바뀐다. 2001년의 1차 포럼 때는 ① 부의 생산과 사회적 재생산, ② 부와 지속 가능성에 대한 접근, ③ 시민 사회와 공공 영역, ④ 민주주의와 시민권력 등이 주요한 논의 주제였다. 2012년의 제12차 포럼은 '우리는 99퍼센트, 함께하자'라는 구호 아래 자본주의의 위기와 사회적·환경적 정의를 다루는 900여 개의 행사를 개최했다.

세계사회포럼의 주창자이자 조직위원인 휘태커Francisco Whitaker는 세계사회포럼이 운동이기보다 장소로서의 포럼이라고 본다. 장소는 이런 특징을 가진다. ① 운동이 수직적인 의사 결정 구조를 낳고 특정 목적을 실현하기 위해 시간적·공간적 경계를 만든다면, 장소는 수평적인 광장이다. ② 포럼은 새로운 세계를 구성하는 새로운 '사상들의 공장'

또는 인큐베이터로, 그 자체가 운동은 아니나 수많은 운동과 투쟁을 가능케 한다. ③ 포럼은 단일한 성명서를 발표하지 않음으로써 참여자들이 다양한 목소리를 낼 수 있게 한다. ④ 포럼은 개방된 공간으로서 다양성을 존중한다. ⑤ 개방적인 광장은 참여자들에게 즐거움을 주고 상호 책임성을 진작시킨다. 이에 대한 비판적인 목소리도 있지만 세계사회포럼은 공공성에 개입할 새로운 에너지를 만드는 공간으로 활용되고 있다.

● 더 읽을 책들

김영미·김제정 외, 《식민지 공공성》, 윤해동·황병주 엮음(책과함께, 2010)

열두 편의 논문을 모은 책으로, '식민지=암흑기'라는 상식에 도전한다. 저자들은 식민지 시기를 아무런 발전도 없었던 암울한 시기가 아니라 근대가 구성되는 과정으로 바라본다. 교외 지역의 전차 노선이나 높은 임차료, 전염병과 상수도, 보통학교의 학구學區, 사회사업 등의 구체적인 사례를 통해 서구의 공공성 개념이 동아시아의 공공성 개념과 어떻게 상호 작용했는지, 식민지 조선에서 근대 사회가 어떻게 형성되었는지를 분석한다.

나오미 클라인, 《쇼크 독트린》, 김소희 옮김(살림Biz, 2008)

재난은 공포만을 불러오지 않는다. 자본주의가 사람들의 공포를 이용해서 어떻게 공공의 자원을 잠식하고 삶을 파괴했는지를 1960년대의 시점부터 추적한 책이다. 1997년 한국에서 일어난 IMF 경제 위기와 관련된 상황도 묘사하고 있는데, 이를 통해 당시 사태가 한국만의 특수한 사고가 아니라 자본주의를 조종하는 세력의 의도적인 개입 때문에 일어난 것임을 확인할 수 있다. 저자는 자유 시장, 규제 완화, 사유화가 민주주의를 파괴할 수밖에 없다는 사실을 구체적인 사례를 들어가며 증명한다.

마리아 미즈·베로니카 벤홀트-톰젠, 《자급의 삶은 가능한가》, 꿈꾸는 지렁이들의 모임 옮김(동연, 2013)

공공성을 구성하는 기반으로서 왜 자급이 중요한지를 설명한다. 저자들은 자연에 대한 인간의 착취, 남반구에 대한 북반구의 착취, 여성에 대한 남성의 착취, 노동자/농민에 대한 자본의 착취가 맞물려서 자본주의를 움직인다고 분석한다. 그리고 이런 자본주의를 넘어서려면 공유지를 지키고 되살리고 다시 만드는 과정이 중요하다고 주장한다.

사이토 준이치, 《민주적 공공성》, 윤대석·류수연·윤미란 옮김(이음, 2009)

공공의 공간을 자유와 배제에 대한 저항이라는 정치적 가치로 설명하고, 공공성에 관한 다양한 관점을 보여준다. 글로벌리즘의 대안이 내셔널리즘이 될 수 없다고 주장하면서 진정한 대안으로 대항적 공공권의 구성을 주장한다. 일본 사회에서 공공성이 파괴되는 과정을 지켜보며 대안을 모색한 책이기에 지금 우리에게 시사하는 바도 크다. 더불어 아렌트와 푸코의 논의를 접목시키려는 저자의 시도가 흥미롭다.

요코다 가쓰미, 《어리석은 나라의 부드러우면서도 강한 시민》, 나일경 옮김(논형, 2004)

1960년대부터 일본 생활클럽 생협을 이끌었던 저자는 시민 주권과 풀뿌리 민주주의의 관점에서 공공성을 재구성해야 한다고 주장한다. 문제를 해결하기 위해 정치권력을 행사하는 쉬운 방법보다 끊임없이 공육共育, 즉 생활자이자 시민으로서의 주체성을 만들어가는 상호 교육과 상호 성장의 기회를 마련하여 자기 결정권을 강화하는 방법을 택해야 한다는 저자의 주장은 귀담아들을 만하다.

위르겐 하버마스, 《공론장의 구조변동》, 한승완 옮김(나남, 2001)

영국, 프랑스, 독일에서 부르주아지의 공론장이 어떤 과정을 거쳐 등장했고 그 힘을 잃어갔는지를 분석한다. 커피하우스, 살롱, 협회와 같은 공간들이 비판적인 여론을 형성하고 확산시켰던 과정은 서구 민주주의의 토대를 구성했다. 사생활과 공공 영역이, 문예 공론장과 정치 공론장이 서로를 자극하며 공론장을 활성화한 과정은 우리 사회에 결핍된 의사소통 과정과 민주주의가 무엇인지를 깨닫게 해준다.

제임스 스콧, 《국가처럼 보기》, 전상인 옮김(에코리브르, 2010)

'국가가 주도하는 대규모 공공사업은 왜 실패할 수밖에 없는가'라는 물음에 진지하게 답하는 책이다. 인민을 위한다는 좋은 계획조차도 지역의 지식과 경험을 존중하지 않을 때 끔찍한 결과를 불러온다는 것이다. 저자는 통치의 편의성이나 획일성, 질서를 위해 만들어진 지도, 표준어, 도량형 등이 제국주의나 식민주의의 계몽 과정과 다를 바 없음을 잘 보여준다.

조한상, 《공공성이란 무엇인가》(책세상, 2009)

공공성의 의미와 역사, 공공성을 강화하는 기반으로서의 시민 사회와 국가, 언론의 의미를 다룬 책이다. 저자는 법학자의 관점에서 공론장과 헌법의 가치와 의미 등을 꼼꼼하게 분석한다.

프란츠 파농, 《대지의 저주받은 사람들》, 남경태 옮김(그린비, 2010)

프란츠 파농, 《검은 피부, 하얀 가면》, 이석호 옮김(인간사랑, 2013)

프랑스의 식민주의가 알제리인의 일상과 본성을 어떻게 파괴하고 왜곡시켰는지를 잘 드러낸 책들이다. 파농은 우리 일상에 내재된 폭력이 어떻게 발생하고 정당화되는지를 분석하고, 그런 폭력에서 벗어나려면 나 자신과 세계에 근본적인 물음을 던지며 다시 자아를 찾아 나서야 한다고 주장한다. 책에서 묘사되는 알제리의 상황은 묘하게 우리의 현실과 겹쳐진다.

● 개념의 연표 — 공공성

- 기원전 509 | **로마 공화정의 성립. 레스 푸블리카res publica의 등장**
  로마의 민중이 공화국의 주체로 등장

- 기원전 494 | **빚 탕감과 민중의 복지를 요구하며 민중들이 처음으로 로마를 떠나는 시위를 벌임**

- 기원전 371년경 | **맹자 출생**
  이후 제자들과 함께 사전과 공전을 나누고 수확물을 조세로 걷는 공전의 중요성을 주장

- 기원전 339 | **푸블리리우스 법 제정, 원로원이 민회에서 통과된 법안을 거부할 수 있는 권한을 폐지함**

- 11세기 말 | **중세 자유 도시의 등장**
  시민이 왕과 영주에게 저항하기 시작

- 1392 | **조선 왕조가 가난한 사람들에게 약과 옷, 먹을거리를 제공하는 활인서를 설치**

- 1484 | **프랑스 시민들이 '제3신분'의 지위를 공식적으로 인정받음**

- 1651 | **홉스, 《리바이어던》**
  리바이어던이 공공성의 주체로 주장되고 시민의 참여를 봉쇄함

- 17세기 중반 | **공중public이라는 말이 영국, 프랑스, 독일에서 등장**
  이후 여론이라는 말이 사용되기 시작함

- 1689 | **로크, 《통치론》**
  지배자의 권력이 피지배자의 합의와 계약에 있음을 주장

- 1848 | **마르크스와 엥겔스, 《공산당 선언》**
  자본주의 사회의 구조적인 문제점을 지적하며 노동자들의 연대로 새로운 사회를 만들 것을 주장

- 1859 | **밀, 《자유론》**
  정부가 공공성을 확립해야 한다고 주장

- 1895 | **유길준, 《서유견문》**
  사의 가치를 주장하며 근대적인 공론장을 만들려고 시도. 이후 《독립신문》 창간

- 1907 | **안창호가 평안남도 평양에 대성학교를, 이승훈이 평안북도 정주군에 오산학교를 설립**
  자율적이고 자급하는 공동체를 만들려고 시도함

- 1908 | **일제의 동양척식주식회사 설립**
  근대적인 사적 소유 제도 확립

- 1914 | **일제의 지방 행정 제도 개편**
  자율적인 군과 면의 수를 대폭 줄이고 식민 통치를 강화함

- 1928 | **윤봉길이 충청남도 예산에서 부흥원 설립**
  야학과 협동조합을 운영하는 등 한국판 민중의 집을 운영

- 1938 | **일제의 국가총동원법 제정**
  총독부가 노동력과 물자, 자금, 시설, 사업 등을 완전히 통제하고 전시 경제를 실시

- 1939 | **일제의 국민징용령 제정**
  한국인을 군수 공장이나 전쟁터로 강제 이주시킴

- 1954 | **경제학자 폴 새뮤얼슨이 공공재 개념 주장**

- 1958 | **이찬갑과 주옥로가 충남 홍성군에 풀무학교 설립**

- 1960 | **4월 항쟁으로 이승만 정부 붕괴**

- 1961 | **박정희의 5·16 군사 쿠데타**
  프란츠 파농, 《대지의 저주받은 사람들》

- 1962 | **제1차 경제 개발 5개년 계획 발표**

- 1962 | **하버마스, 《공론장의 구조변동》**

- 1970 | **박정희 정권, 새마을 운동 선포**

- 1972 | **유신헌법 제정**

- 1973 | **레빗Theodore Levitt이 《제3섹터》에서 제3섹터의 중요성을 주장**

- 1979 | **전두환과 노태우의 12·12 군사 쿠데타**

- 1980 | **전두환 정권이 5월 광주에서 시민을 학살하고 11월 언론 기관을 통폐합**

- 1984 | **KBS 수신료 납부 거부 운동 시작**

- 1987 | **6월 항쟁으로 대통령 직선제 헌법 개정**

- 1990 | **노태우 정권이 범죄와의 전쟁을 선포하고 노동조합 활동가를 구속하고 경찰의 총기 사용을 장려함**

- 1991 | **강경대 사건과 분신 정국**
  죽음으로 세상에 맞서는 사람들의 저항이 시작됨

• 1994 | **김영삼 정부, 시드니 선언으로 세계화를 본격적으로 추진**

• 1997 | **한국이 국제통화기금IMF에 구제 금융을 요청**

• 1998 | **김대중 정부, 벤처 특별법 4차 개정을 시작으로 벤처 붐 주도**
정보 산업 분야의 생산 비중이 높아졌으나 정경 유착 사건들이 일어남

• 1999 | **김대중 정부, 분양가 상한제 폐지와 분양권 전매 허용**
내수 시장을 활성화한다는 명목으로 부동산 투기가 확대됨

• 2000 | **김대중 정부, 국민 기초 생활 보장 제도를 도입**
유엔이 '글로벌 콤팩트'를 주창

• 2001 | **세계사회포럼WSF이 다보스포럼에 맞서 시작됨**

• 2002 | **김대중 정부, 한국통신KT·포스코·대한통운·담배인삼공사 등 8개 국영기업을 민영화**

• 2006 | **노무현 정부, 미국과 한미 자유무역협정FTA 협상을 공식 선언함**

• 2007 | **노무현 정부, 비정규직보호법 제정**
노동계와 시민 사회 운동 진영에서 비정규 개악안이라고 비판

• 2008 | **5월 이명박 정부의 미국산 쇠고기 수입을 반대하는 촛불집회가 100일 이상 계속됨**
8월 이명박 정부, 27개 공기업의 공기업선진화방안 발표

• 2009 | **12월 이명박 정부, '투자개방형 의료법인 도입' 용역보고 발표**

• 2010 | **10월 이명박 정부, '지방 상수도 통합계획' 발표**
163개 상수도를 2030년까지 5개로 통폐합하겠다는 방침을 밝힘

• 2011 | **이명박 정부의 부자감세 논란**

• 2012 | **이명박 정부, 인천국제공항 민영화를 시도하다 반발로 좌절**

• 2013 | **11월 박근혜 대통령이 프랑스를 방문해 공공부문 시장을 외국기업에 개방하겠다고 약속함**
12월 박근혜 정부의 철도 민영화 시도에 반대하여 일어난 철도노조 파업에 시민들의 지지가 이어짐

• 2014 | **박근혜 정부의 의료 민영화를 반대하는 의사들의 파업 시작**
박근혜 정부, 도시가스에 경쟁 체제를 도입하는 도시가스사업법 개정안 추진

'비타 악티바'는 '실천하는 삶'이라는 뜻의 라틴어입니다. 사회의 역사와 조응해온 개념의 역사를 살펴봄으로써 우리의 주체적인 삶과 실천의 방향을 모색하고자 합니다.

비타 악티바 30

공공성

초판 1쇄 발행 2014년 3월 30일
초판 7쇄 발행 2024년 2월 25일

지은이 하승우

펴낸이 김준성
펴낸곳 책세상
등록 1975년 5월 21일 제2017-000226호
주소 서울시 마포구 동교로 23길 27, 3층(03992)
전화 02-704-1251
팩스 02-719-1258
이메일 editor@chaeksesang.com
광고·제휴 문의 creator@chaeksesang.com
홈페이지 chaeksesang.com
페이스북 /chaeksesang 트위터 @chaeksesang
인스타그램 @chaeksesang 네이버포스트 bkworldpub

ISBN 978-89-7013-866-4 04300
978-89-7013-700-1 (세트)

© 하승우, 2014

• 잘못되거나 파손된 책은 구입하신 서점에서 교환해드립니다.
• 책값은 뒤표지에 있습니다.